D1917600

Das fliegende Schiff

Das fliegende Schiff

Zaubermärchen und Sagen aus Westfriesland

Erzählt von Arnica Esterl

Mit Linolschnitten von Eduard Prüssen

Verlag Freies Geistesleben

CIP-Titelaufnahme der Deutschen Bibliothek

Esterl, Arnica:
Das fliegende Schiff: Zaubermärchen und Sagen
aus Westfriesland / erzählt von Arnica Esterl.
Mit Linolschnitten von Eduard Prüssen. -
Stuttgart: Verlag Freies Geistesleben, 1990

ISBN 3-7725-1070-1

Schutzumschlag: Eduard Prüssen
© 1990 Verlag Freies Geistesleben GmbH, Stuttgart
Druck: Offizin Chr. Scheufele, Stuttgart

Inhalt

Zauberhafte Märchenwelt

Das Wasser des Lebens 9
Die Insel der goldenen Äpfel 17
Der schwarze Hund und der weiße Walfisch 19
Der große Gjalt und der kleine Gjalt 26
Über den Glasberg 32
Der Riese ohne Herz 40
Das Lied der Woche 58
Drei goldene und drei schwarze Federn 62
Die starke Prinzessin 72
Sieben goldene Federn 84
Das Mädchen aus der Nuß 88
Der arme Junge und die Tochter des reichen Bauern 91
Das Mädchen als Soldat 94
Hanke, Banke und Fisch Trippentree 100

Du bist dumm...

Jan Mistfink 107
Der dumme Hiske 112
Du bist ein Trottel 118
Die große Kröte 120

Von Hexen und Teufelsbrut

Der Mann ohne Schatten 135
Der Leichenfresser 144
Jan im Sack 149

Das Mädchen, das mit achtzehn Jahren sterben sollte 152
Das fliegende Schiff von Workum 154

Leben, Tod und Gerechtigkeit

Der gerechte Pate 161
Nicht fragen 166
Prinz Blaubart 170
Die drei Warnungen vor dem Tode 173
Der beleidigte Totenkopf 176
Die drei Holzfäller 178
Der dankbare Tote 182

Wunderliche Geschichten

Die zwei Riesen, die sich gegenseitig verprügeln wollten 187
Das Schiff von Sinter-Nüt 191
Das schwarze Huhn 196
Der Vogel mit den drei Wunschfedern 197
Mein Pferd steht schon im Stall 200
Der kleine Zaunpfahl von Oosterlittens 202
Der kleine Mann und der Riese 207
Wie die schwarzbunten Rinder nach Friesland gekommen sind 209
Kein Salz in der Suppe 211
Das Hütchen bezahlt alles 212

Nachwort 217
Anmerkungen und Quellenverzeichnis 221

Zauberhafte Märchenwelt

Das Wasser des Lebens

Ein alter König hatte drei Söhne. Einmal wurde er krank, so krank, daß er sein Land nicht mehr regieren konnte. Er mußte liegen, und kein Arzt konnte ihn heilen, alle versuchten nur, sein Leiden zu lindern.

Eines Tages kam ein alter, weiser Mann an den Hof, und als er den König untersucht hatte, sprach er:

«Hier kann nur noch das Wasser des Lebens helfen. Aber man muß es aus dem Reich der Morgendämmerung holen, und niemand weiß, wo das liegt oder wie man dahin gelangt.»

Als der älteste Sohn hörte, daß einer ausziehen sollte, das Wasser des Lebens zu holen, erklärte er sich sofort dazu bereit. Der alte König hatte noch keinen Nachfolger bestimmt, und der Prinz hoffte, bei dieser Gelegenheit sich einschmeicheln zu können. Zuerst wollte der König keinen seiner Söhne einen so weiten und gefahrvollen Weg ziehen lassen, aber der Prinz gab nicht nach, bis der König schließlich einwilligte.

Der älteste Prinz wählte das beste Pferd aus den Ställen seines Vaters und füllte die Satteltaschen mit Edelsteinen. Er galoppierte den ganzen Tag, bis er ans Meer kam. Dort lag ein Schiff fahrbereit. Der Prinz gebot dem Schiffer, nicht weiter einzuladen, sondern zuerst ihn überzufahren. Von einer Entschädigung sprach er nicht.

Der Kapitän wagte es nicht, dem ältesten Sohn des Königs zu widersprechen; er warf die Taue los und fuhr ab. Inzwischen saß der Prinz in der Kapitänskajüte und ließ das Beste, das an Bord war, auftragen. Ein Matrose mußte sein Pferd striegeln und füttern.

Am anderen Ufer dankte der Prinz gar nicht, sondern sprang auf sein Pferd und trieb es weiter an. Gegen Abend ritt er durch einen finsteren Wald. Mitten im Wald stand eine kleine Hütte. Das Licht einer Öllampe drang hinaus, und am Tisch neben dem Fenster saß eine alte Frau und verlas Erbsen.

Der Prinz sprang vom Pferd und trat ohne zu grüßen an den Tisch. Er befahl der Alten, das Pferd zu versorgen, das Feuer anzuzünden und ihm alles Essen zu bringen, das im Hause war. Schweigend gehorchte die Alte. Der Prinz aß alles auf, und als sie ihm noch die staubigen Stiefel ausgezogen hatte, legte er den Kopf auf den Tisch und schnarchte.

Am nächsten Morgen war die Alte schon in aller Frühe wieder zugange und bereitete dem Prinzen eine Mahlzeit. Ohne Abschied sprang er auf sein Pferd und jagte weiter. Als er den Wald durchquert hatte, kam er an einen Hohlweg, der zu einer großen Wiese führte. Eben wollte er in den Hohlweg hineinreiten, da stand plötzlich ein kleines Männchen vor ihm und streckte die Hand aus.

Der Prinz hielt an, und das Männchen sprach:

«Ich erhebe hier Tribut. Wenn ihr weiterreiten wollt, müßt ihr eine goldene Erbse zahlen.»

Der Prinz spornte sein Pferd an, um das Männchen zur Seite zu zwingen, aber das Pferd bockte, und der Prinz flog in hohem Bogen durch die Luft. Er landete kopfüber auf der Erde und trieb dort Wurzeln. Kurze Zeit später stand nichts als eine moosige Kopfweide am Wassergraben.

Als der Älteste nicht wiederkam, ging der zweite Sohn zum König und bat, ausziehen zu dürfen, um das Wasser des Lebens aus dem Reich der Morgendämmerung zu holen. Dem König fiel es schwer, auch diesen Sohn fortziehen zu lassen, denn er hatte alle seine Söhne gleich lieb.

Der zweite Prinz ritt denselben Weg bis ans Meer. Das Schiff lag schon bereit und war voller Menschen, aber er ließ sie alle aussteigen, und der Schiffer mußte ihn alleine überfahren.

Auch er kam zu der Hütte, wo die Alte am Fenster saß und Erbsen verlas. Der Prinz hieß sie, das Pferd zu versorgen, aß sich satt und legte sich auf ihr Bett schlafen. Ohne ein Wort ritt er am anderen Tag nach dem Morgenbrot davon. Ihm erging es nicht besser als seinem älteren Bruder, und er landete als alte Weide am Grabenrand.

Es verging eine lange Zeit, und als auch der zweite Sohn nicht wiederkam, ging es dem alten König immer schlechter. Der Jüngste konnte es nicht länger mit ansehen und bat seinen Vater, ins Reich der Morgendämmerung reiten zu dürfen, um das Wasser des Lebens zu holen. Der König wollte nichts davon wissen: Wenn dieser Sohn auch ausbliebe, so hätte er niemanden mehr. Als aber der Prinz meinte, seine Brüder bräuchten vielleicht Hilfe, gab der alte König nach.

Der Jüngste holte sein eigenes Pferd aus dem Stall und füllte die Satteltaschen reichlich mit Essen. Als er ans Meer kam und ein Schiff liegen sah, fragte er den Schiffer, ob er um den üblichen Preis mitfahren könne.

Der Schiffer antwortete: «Das Schiff ist voll. Du kannst aber mitfahren, wenn du für dich und dein Pferd arbeiten willst, denn es fehlt ein Matrose.»

Der Prinz willigte ein und arbeitete unterwegs für zwei. Am anderen Ufer bedankte er sich beim Schiffer und ritt in den dunklen Wald hinein. In der kleinen Hütte saß die alte Frau beim Schein der Öllampe am Tisch und verlas Erbsen, und der junge Prinz ging zur Tür und rief einen Gruß.

Die Alte bat ihn herein. Der Prinz fragte, ob er bei ihr wohl etwas von seinem Proviant essen dürfe.

«Ich habe viel mitgenommen», sagte er. «Es reicht auch für uns beide.» Da brachte die Alte zu trinken, und der Prinz erzählte ihr, wozu er ausgezogen sei. Nach dem Essen fütterte er sein Pferd und setzte sich dann zu der alten Frau an den Tisch. Sie war schon wieder beim Erbsenlesen, und der Prinz nahm eine Handvoll nach der anderen und half ihr. Den ganzen Abend arbeiteten und redeten sie miteinander.

Als der Prinz die letzte Handvoll aus der Schüssel nahm, entdeckte er plötzlich eine goldene Erbse zwischen den grünen. Er wollte sie der Frau geben, aber die lachte: «Ich freue mich, daß du sie gefunden hast. Denn diese Erbse wird dir nützlich sein auf deinem Weg in das Reich der Morgendämmerung. Verwahre sie gut, du wirst sie bald brauchen!»

Der Prinz wickelte sich in eine Decke und schlief neben dem Feuer auf der Erde. Als er am anderen Morgen weiterzog, schaute die alte Frau ihm von der Tür aus nach und winkte.

Der Prinz ritt durch den Wald und kam zu dem Männchen, das mitten in dem Hohlweg stand. Er stieg vom Pferd und fragte freundlich nach seinem Begehr.

Das Männchen erklärte, hier dürfe keiner vorbei, der nicht eine goldene Erbse zahlen könne. Der Prinz hatte die Erbse unter seine Zunge gelegt. Er rieb sie trocken, ehe er sie dem Männchen überreichte.

Das dankte und zog mit Schwung seine rote Zipfelmütze: «Der Weg in das Reich der Morgendämmerung liegt vor dir», sagte es. «Ich weiß, wer du bist und was du suchst. Hier ist ein getrockneter Hasenfuß, den mußt du um deinen Hals hängen. Und hier hast du noch einen Doppelwecken. Du mußt ihn mitnehmen, darfst aber nicht davon essen. Du brauchst ihn, um die wilden Löwen, die dir begegnen werden, zu zähmen. Wenn sie sich auf dich stürzen, mußt du ihnen gleich je ein halbes Brot in den Rachen werfen. Das Wasser des Lebens findest du im Palast der aufgehenden Sonne. Es wird in einer goldenen Flasche verwahrt, und die liegt in der Asche unter dem Feuervogel. Schau den Vogel nicht an – du würdest als Rauch aus dem Schornstein aufsteigen. Und halte dich nicht lange auf! Ehe es zwölf geschlagen hat, mußt du wieder draußen sein, sonst wirst du in einen Hasen verwandelt und draußen von den Löwen zerrissen. Schau dich nicht um, und wecke keinen Schläfer! Wenn du zum Palast der aufgehenden Sonne kommst, so schlage dreimal mit dem Hasenfuß ans Tor, und es wird offen bleiben, bis die Uhr zwölf schlägt.»

Das Männchen wünschte ihm eine gute Reise, und der Prinz ritt weiter durch Felder und Wälder, über breite Ströme und durch tiefe Sümpfe. Endlich erblickte er von weitem einen Palast auf einer Anhöhe. Die Mauern glänzten wie die ersten

Sonnenstrahlen an einem Sommermorgen, und der Himmel war klar wie die silberne Morgendämmerung.

Als er auf das Tor zuritt, nahten von beiden Seiten aus dem Gebüsch zwei Löwen, groß wie Pferde. Sie duckten sich zum Sprung, aber der Prinz nahm das Brot und warf jedem die Hälfte in den Rachen. Sie legten sich kauend hin, und der Prinz ritt zum Tor.

Dreimal schlug er mit dem Hasenfuß daran, und die schweren Torflügel schwenkten auf, ohne daß er jemanden sah. Er band sein Pferd auf dem Hofplatz fest und stieg die goldene Treppe hinan. Alles glänzte von Gold und Edelsteinen, sogar der Boden war mit Gold eingelegt. Aber alle Säle waren leer, und der Prinz stieg weiter die Treppe hinauf. Er trat in ein Gemach, wo eine wunderschöne Jungfrau unbekleidet auf einem Ruhebett lag. Sie schlief, und der Prinz konnte seine Augen nicht von ihr abwenden. Er fand sie so schön, daß er sich neben sie legte und sie küßte. Im Schlaf schlang sie ihre Arme um ihn, und der Prinz vergaß bald Stunde und Zeit.

Als er erwachte und aufsprang, war es wenige Minuten vor zwölf. Er eilte aus dem Zimmer, ergriff aber noch schnell einen Beutel und ein silbernes Schwert, die auf dem Tisch lagen. Mit dem Schwert hieb er einen Span aus dem Bettpfosten und steckte ihn als Andenken in die Tasche.

Im Zimmer nebenan brannte ein gewaltiges Feuer, und mitten in dem Feuer, auf der glühenden Asche, saß der Feuervogel. Flammen waren sein Gefieder. Mit gesenktem Blick lief der Prinz hin und steckte die Hand in die Asche. Er verbrannte seine Finger, fand aber eine goldene Flasche, die aus der Asche ragte. Mit Schwert und Beutel in der einen und der goldenen Flasche in der anderen Hand rannte er aus dem Palast. Einer der Löwen schnappte nach ihm und biß ihn in die Ferse. Dann schlug das Tor just hinter ihm zu.

Der Prinz ritt denselben Weg zurück, und als er wieder zu dem Hohlweg kam, wartete der Zwerg schon auf ihn.

Der Prinz erzählte, was sich zugetragen hatte, und der Zwerg sprach: «Beutel und Schwert sind ein großer Gewinn, sie sind mächtige Zaubermittel. Der Beutel wird nie leer, wieviel du auch herausnimmst, und das Schwert hat seinen Herrn noch nie verlieren lassen. Beide kannst du einen Tag lang ausleihen, dann werden sie aber immer wieder zu dir zurückkehren. Das Schwert wird alles ausführen, was du von ihm verlangst.»

Der Prinz fragte den Zwerg, wie es seinen Brüdern ergangen sei, und der Zwerg antwortete:

«Nach Gold stand ihre Gier,
als Holz nun stehn sie hier.»

Er deutete auf die beiden alten Kopfweiden und fuhr fort:

«Laß deine Brüder lieber stehen.
Du kannst alleine weiter gehen.»

Aber der Prinz erzählte, wie sein Vater sich so sehr nach seinen Söhnen sehnte, und er bat den Zwerg, barmherzig zu sein.

Der Zwerg schüttelte den Kopf: «Du kennst sie noch nicht. Du mußt es selber wissen, aber du wirst es bereuen.»

Er berührte die Weiden mit einem Stab, und die beiden ältesten Prinzen purzelten ins Gras. Im gleichen Augenblick hatte der Zwerg sich ins Gebüsch geduckt, und der jüngste Prinz war so glücklich über die Erlösung, daß er seinen Brüdern sogleich seine Erlebnisse erzählte. Die beiden gaben allem und jedem die Schuld an ihrem Unglück; über ihre eigenen Streiche sagten sie freilich nichts.

Zu dritt zogen sie weiter und gerieten in ein Land, wo Hungersnot herrschte. Der Jüngste verteilte überall Essen aus dem Beutel, der nie leer wurde, und ließ die Vorratskammern auffüllen.

Sie wanderten weiter und kamen in ein Land, das ein grausamer Feind überfallen hatte, um die Bewohner auszutilgen. Einen Tag lang lieh der Prinz dem König des Landes sein Schwert, dann lebte kein Feind mehr.

Ein drittes Königreich wurde von einem verheerenden Waldbrand zerstört. Der Prinz schlug mit seinem Schwert eine breite Schneise, damit das Feuer nicht mehr überspringen konnte.

Endlich kamen sie wieder ans Meer, aber es lag kein Schiff bereit. Der Prinz befahl seinem Schwert, Bäume zu schlagen und ein Schiff daraus zu bauen. Die Späne flogen, und im Nu lag ein schweres Eichenboot fahrbereit. Sie gingen an Bord, und weil der Jüngste tage- und nächtelang kein Auge zugemacht hatte, versank er in einen tiefen Schlaf.

Die beiden Brüder hatten voller Neid gesehen, wie ihm alles so leicht von der Hand ging, jetzt nahmen sie die Gelegenheit wahr, ihm eins auszuwischen und selber dabei zu gewinnen. Sie zogen die Flasche mit dem Wasser des Lebens aus seiner Tasche und gossen den Inhalt in eine andere. Die goldene Flasche füllten sie mit Meerwasser und steckten sie ihm wieder zu. Am anderen Tag landeten sie und zogen heim zu ihrem Vater.

Zu Hause angekommen, gingen alle drei sogleich zum König, der kaum noch am Leben war. Der Jüngste stützte ihn und gab ihm aus seiner Flasche zu trinken. Aber der alte König fing an zu husten, daß er fast erstickte. Er rang nach Atem, und der jüngste Sohn wurde leichenblaß. Da traten die beiden Ältesten hervor und klagten den Jüngsten an, er wolle seinen Vater gewiß umbringen, damit er sein Erbteil antreten könne. Sie aber wollten das verhindern.

Zusammen ließen sie den Vater aus ihrer Flasche trinken. Schon beim ersten Schluck röteten sich seine Wangen. Als die Flasche leer war, warf der König die Decke von sich und stand aufrecht, stark wie ein junger Mann. Vor aller Augen griff er sich seinen jüngsten Sohn, gab ihm eine Tracht Prügel und schalt ihn mit heftigen Worten. Der Prinz hörte es schweigend an. Der König ereiferte sich so sehr, daß er ihn aus dem Haus jagte und ihm nachrief, er wolle ihn nie wieder sehen. Der jüngste Prinz schwang sich auf sein Pferd und ritt, den Beutel am Gürtel und das Schwert an der Seite, in die weite Welt.

Nicht lange, so wurden aus den umliegenden Königreichen lauter Geschenke gebracht, ja die Könige erschienen selbst, um dem jüngsten Prinzen zu danken für alles, was er für sie getan hatte. Nun kamen dem alten König Zweifel, ob er richtig gehandelt habe, und er ließ ausrufen, sein jüngster Sohn möge nach Hause zurückkehren. Aber es kam kein Lebenszeichen.

Nach einiger Zeit überfiel ein mächtiges Heer, von einer unbekannten Königstochter angeführt, das Land und besetzte es. Der König und seine Söhne wurden gefangen genommen und in eine Burg gesperrt. Die Königstochter bezog den Palast. Ehe sie Befehl gab, den König und seine Söhne vorzuführen, ließ sie den Weg zum Thron, auf dem sie saß, ganz mit dicken Teppichen auslegen, die aus reinen Goldfäden geknüpft waren. Nun wurden die Gefangenen zum Eingang geführt, und die Königstochter hieß sie näherkommen. Der König und die beiden Brüder wollten diese kostbaren Teppiche nicht betreten, sondern gingen an beiden Seiten entlang. Da wurden auf einmal die Türen aufgestoßen, und der jüngste Prinz stand auf der Schwelle, das Wunderschwert in der Hand.

Er sah die Pracht und Herrlichkeit ringsherum nicht, er achtete nicht auf die goldenen Teppiche auf dem Boden. Er sah nur die Königstochter auf dem Thron, dieselbe, bei der er in dem verzauberten Schloß gelegen hatte. Er steckte das Schwert ein und lief mit ausgebreiteten Armen auf sie zu, mitten über die goldenen Teppiche.

Die Königstochter sprach: «Das muß derjenige sein, der in meinem Schloß das heilende Wasser geholt hat. Niemand sonst kann das Schwert besitzen.» Aber die Brüder riefen: «Es ist nicht wahr, er hat es gestohlen!»

Der Jüngste sah die Königstochter an und sprach: «Das Schwert hätte ich stehlen können. Aber niemand als ich kann dir den Span zeigen, den ich aus deinem Bettpfosten geschlagen habe, ehe ich dich verlassen mußte!»

Da fiel ihm die Königstochter um den Hals und sprach: «Länger als ein Jahr hat es gedauert, bis ich den Vater meines Kindes und meinen Herzliebsten gefunden habe!»

Die Insel der goldenen Äpfel

Es war einmal ein König, der hatte drei Söhne. Als er alt wurde, rief er sie zu sich und sprach:

«Nur derjenige von euch soll meinen Thron erben, der ihn auch wirklich verdient. Weit weg im wilden, unendlichen Meer liegt eine kleine Insel, und auf der Insel wachsen Bäume, die goldene Äpfel tragen. Wer von euch so klug und behend ist, daß er einen goldenen Apfel von dort holen und mir bringen kann, der soll mein Erbe sein.»

Der Älteste wollte es als erster versuchen. Er fuhr mit einem Schiff hinaus. Als er sich aber der Insel näherte, erhob sich ein Sturm, und die Wellen gingen hoch. Das Schiff wurde zurückgetrieben und stieß an das Ufer, das er zuvor verlassen hatte.

Der Königssohn sprach zu dem Schiffer, der ihn gefahren hatte: «Warten wir's ab.»

Am anderen Tag fuhren sie wieder hinaus, aber der Sturm erhob sich von neuem, und das Schiff wurde wieder zurückgetrieben. Am dritten Tag versuchten sie es noch einmal, aber wieder vergeblich.

Der Königssohn kam nach Hause und sagte: «Nein, mir gelingt das nicht!»

Nun sollte der zweite Sohn sein Glück wagen. Er dachte bei sich: Wenn ich um das Ziel herumfahre – es ist eine Insel –, und der Sturm erhebt sich wieder und bläst aus derselben Ecke, wie er bei meinem Bruder geblasen hat, dann weht er mich geradewegs auf die Insel zu.»

Als er aber auf See kam, war gar kein Wind, und sie dümpelten nur umher. Wie kräftig sie auch ruderten und wie nah sie der Insel auch manchmal waren, sie gelangten nicht dorthin. Sie schwammen so lange auf dem Wasser umher, bis Essen und Trinken zur Neige gingen, dann kehrten sie zurück. Später versuchten sie es noch zweimal, aber vergebens.

Schließlich bereitete sich der jüngste Königssohn auf die Reise vor. Aber die Insel lag nicht an der Hintertür, und es vergingen Wochen und Monate. Dieser Sohn wartete, bis das Meer zugefroren war, und als überall festes Eis lag, band er sich die Schlittschuhe unter und fuhr hinaus. Er näherte sich schon der Insel, da erhob sich wieder ein starker Wind. Er schlug die Kufen ins Eis, aber er konnte nicht einmal auf dem Fleck stehenbleiben.

Was er aber erhofft und ersehnt hatte, das geschah. Der Sturm blies die Äpfel von den Bäumen herunter. Die meisten blieben im Schnee liegen, aber er sah, wie ein Apfel über das Eis an ihm vorüberrollte. Er setzte sofort hinterdrein. Auf Schlittschuhen kam er schneller vorwärts als der rollende Apfel.

Auf diese Weise gewann er einen Apfel und brachte ihn nach Hause. Darum erbte der jüngste Königssohn das Reich seines Vaters.

Der schwarze Hund und der weiße Walfisch

Es war einmal ein Schiffer, der war schon weit herumgekommen. Er hatte alle Seen der Welt befahren. Doch dann geriet er an eine Küste, die er noch nie gesehen hatte. Er segelte einen breiten Fluß hinauf und ankerte vor einer großen Stadt.

Als er an Land ging, um neue Verpflegung zu besorgen, kam ein schwarzer Hund auf ihn zu. Der Schiffer hatte sich noch nie vor einem Hund gefürchtet und streichelte ihm den Kopf. Nun folgte ihm der Hund auf dem Fuße nach, und wenn der Schiffer ein Haus betrat, blieb der Hund draußen, legte den Kopf auf die Pfoten und wartete. Als der Schiffer wieder an Bord ging, lief der Hund hinter ihm her, und es gelang dem Schiffer nicht, ihn an Land zu bringen. Der Hund jaulte nur und schleckte seine Hände, so daß er es nicht übers Herz brachte, ihn wegzujagen.

Der Hund blieb an Bord, und die Segel wurden gehißt. Kaum war die Küste außer Sicht, da stieg ein ungeheuerlich großer, weißer Walfisch aus den Tiefen des Meeres herauf. Er peitschte das Wasser mit seinem Schwanz, schwamm um das Schiff herum, hob es wohl einige Ellen in die Höhe und ließ es wieder fallen. Haushohe Wellen schlugen über Bord, die Luken wurden weggerissen, die Mannschaft wurde von Bord gespült und im Wasser vom Walfisch erschlagen. Nur der Schiffer und der schwarze Hund standen noch auf dem Schiff. Das Wasser stieg bis ans Deck, und der Hund schaute den Schiffer an.

Der sprach: «Mein Freund, wenn wir ins Wasser springen, schlägt uns das Scheusal auch tot! Wir müssen uns etwas Besseres einfallen lassen.»

Eben rollte ein leeres Faß an ihnen vorüber. Der Hund warf

einen Blick auf den Schiffer und sprang hinein. «Du bist schlauer als ich», sagte der Schiffer und sprang auch in das Faß. Da rammte der Walfisch das Schiff so gewaltig, daß es auseinanderbrach und sank. Der Walfisch schlug es mit seinem Schwanz zu Kleinholz. Während das Faß allmählich weitertrieb, hörten sie ihn noch von weitem schnauben und prusten.

Drei Tage und drei Nächte schwammen sie auf dem Meere, ehe sie auf einen weiten, weißen Strand stießen. Die Küste war nackt, kahl und ausgedörrt. Der Schiffer konnte keinen Tropfen Wasser und nichts Eßbares finden und wollte schon verzweifeln. Aber der Hund packte ihn am Hosenbein und zog ihn mit. Er führte ihn zu einer Stelle, wo Wasser aus den Felsen tropfte und eine Höhle als Unterschlupf dienen konnte. Der Schiffer wankte hinein, der Hunger quälte ihn, und als der Hund ins Gebüsch verschwand, verlor er alle Hoffnung.

Aber kurz darauf kehrte der Hund zurück und trug einen großen Hasen im Maul. Der Schiffer hatte schon aus Gestrüpp und Treibholz ein kleines Feuer entfacht, und nun teilten sie, was der Hund gebracht hatte. Am anderen Morgen zupfte der Hund den Schiffer wieder an der Hose, und dieser sagte jetzt: «Du wirst es besser wissen als ich. Ich komme schon.»

Tagelang zogen sie weiter, und immer wieder holte der Hund etwas zu essen und führte den Schiffer zu einer Quelle. Endlich erblickte der Schiffer eine große Stadt an der Mündung eines breiten Flusses. Er wollte sogleich hingehen. Aber nun setzte sich der Hund auf die Hinterläufe und fing an zu reden: «Du hast mich nicht verjagt und hast mir vertraut. Wisse, daß der weiße Walfisch mich umbringen wollte. Aber frage jetzt nicht weiter und tue, was ich dir rate. Die Menschen, die diese Stadt bewohnen, sind hart wie Stein und denken nur ans Geld. Wenn du als reicher Mann dort erscheinst, wirst du geehrt und geachtet. Halten sie dich aber für einen armen Schlucker, dann verkaufen sie dich als Sklaven. Warte hier auf mich. In einigen Stunden komme ich wieder, und dann kannst du in die Stadt gehen.»

Der Hund verschwand und kam bald wieder mit einem

kostbaren Samtmantel, einem Federhut, mit silberbeschlagenen Stiefeln und einem kurzen, goldenen Schwert. Er sagte nur: «Ziehe dich an, Schiffer!» Die Kleider paßten wie angegossen, und mit dem Hund neben sich betrat er nun die Stadt.

Am Tor bezeigten ihm die Wächter alle Ehre und wiesen ihm eine Herberge. Dort wurde ihm Wein eingeschenkt und gebratenes Fleisch aufgetragen. Der Schiffer wollte zunächst ablehnen, aber der Hund biß ihn sachte ins Bein und sagte leise: «Greif zu und kümmere dich um nichts. Ich bin auch noch da!»

Der Schiffer aß und trank voller Genuß und ließ bisweilen einen tüchtigen Brocken Fleisch unter den Tisch fallen. Es gesellte sich dann ein reich gekleideter Kaufmann zu ihm. Sie sprachen über das Wetter, aber allgemach prüfte der Kaufmann, ob er nicht mit ihm ins Geschäft kommen könne. Er handelte mit vielerlei: feinster Seide, Elfenbein, Gold und Silber; auch habe er, wenn es gefiele, ein Schiff voller starker Männer und schöner Frauen, die als Sklaven verkauft würden. Der Schiffer ließ sich nicht darauf ein, aber der Hund biß ihn wieder ins Bein, und als er sich bückte, raunte er ihm zu: «Kaufe ein Schiff!» Als der Schiffer sagte, er suche ein Schiff, lachte der Kaufmann breit: «Dann seid Ihr bei mir in guten Händen. Ich baue die besten Schiffe der Welt, aus trockenem, eisenstarkem Eichenholz, auf dem Wasser so geschwinde wie ein Vogel in der Luft. Kommt nur mit, es läuft gerade eins vom Stapel.»

Der Schiffer schaute sich das Schiff an, und der Hund raunte: «Preis fragen, handeln, kaufen!» Bald war der Kauf besiegelt. Nun wollte der Kaufmann Geld sehen, aber der Schiffer erklärte, er wäre nicht gewohnt, vor der Lieferung zu bezahlen. Als er aber mit dem Hund allein war, fuhr er ihn an: «Jetzt sitze ich doch wohl tief in der Patsche! Ein Schiff kaufen, wenn man nicht einmal Nägel hat, sich am Hintern zu kratzen!»

Der Hund beschwichtigte ihn: «Rege dich nicht auf. Wenn das Schiff bezahlt werden soll, dann ist Geld da. Dafür bürge ich!»

Das Schiff wurde fertig, und der Hund lief in die Stadt. Im Abenddunkel sprang er durch das Fenster in das Zimmer des Schiffers und warf einen großen Beutel mit Goldtalern auf den

Boden. Das Geld reichte für das Schiff, aber es war noch kein Segel und keine Takelage drauf. «Kaufe das Beste, das du finden kannst», sagte der Hund. «Ich besorge das Geld.»

In der Wirtsstube wartete der Kaufmann schon, und nach einigem Handeln bestellte der Schiffer alles, was er brauchte. Das Schiff wurde bestens aufgetakelt, und als es ans Bezahlen ging, schleppte der Hund wieder einen Beutel voller Goldtaler an. Eine Mannschaft wurde angeheuert und Proviant eingeladen, und als alles und jedes an Bord war, segelten sie aus dem Hafen. Der Schiffer stand am Steuerrad und der schwarze Hund neben ihm.

Sie fuhren drei Tage, da riet der Hund: «Laß die Segel einziehen und alles an Bord festzurren. Wir werden einen halben Tag Sturm bekommen.» Kaum waren sie fertig, als sich ein Sturm erhob, der einen halben Tag dauerte. Dann sollte der Schiffer alle Segel setzen, es käme eine Woche lang schönes Wetter.

Gegen Ende der Woche sagte der Hund wieder: «Mache alles sturmfest. Uns stehen drei Tage Unwetter bevor.» Der Sturm tobte drei Tage, danach konnten sie mit vollen Segeln weiterfahren, immer nach Norden. Nach vierzehn Tagen warnte der Hund noch einmal, es käme ein Sturm von zweimal drei Tagen, ein schweres Unwetter. Sechs Tage lang gingen die Wellen hoch wie Kirchtürme, als sollte die Welt untergehen, und der Wind riß einem die Bartstoppeln vom Kinn. Dann legte sich der Wind, und der Hund meinte, nun wären die Stürme vorüber.

Sie fuhren immer weiter nach Norden, und dem Schiffer, der keine Vögel mehr in der Luft und keine Fische mehr im Wasser sah, wurde ängstlich zu Mute. Irgendwo müßte die Welt zu Ende sein, und dort würden sie samt Schiff in den Abgrund gerissen.

Am Abend des dritten Tages erblickten sie am Horizont ein gewaltiges Feuer, das wie aus gespaltener Erde aufloderte. Der Schiffer wollte das Steuer umwerfen, aber der Hund sagte: «Fahre nur darauf zu. Was du dort siehst, ist das Licht der untergehenden Sonne, das sich spiegelt in den goldenen Mauern des Palastes meines Vaters.»

Sie landeten auf einer Insel. Oben auf einem schwarzen Berg stand ein goldener Palast. Zusammen ruderten sie ans Ufer und stiegen den Berg hinan. Die Zugbrücke war heruntergelassen, und das goldene Tor stand offen. Aber nirgends sahen sie eine lebendige Seele.

Der Hund sprach: «Wenn du drei Nächte in diesem Schloß ausharren willst, dann wird deine Belohnung größer sein, als du es dir träumen kannst. Aber ich warne dich, die Nächte werden schlimm sein. Wisse, was du anfängst!»

Der Schiffer lachte: «Es muß schon seltsam zugehen, wenn es noch schlimmer sein soll, als wir es schon erlebt haben.»

Da führte der Hund ihn in einen großen Raum. Als es dunkelte, brannten an den Wänden von selber große Fackeln an. Durch Wände und Mauern, durch die geschlossenen Türen drangen Krieger in den Raum und fingen an, mit ihren Schwertern nach den Beinen des Schiffers zu schlagen; er mußte einen wilden Tanz aufführen, um lebend davon zu kommen. Das dauerte die ganze Nacht, erst als es tagte, erloschen die Fackeln, und das Kriegsvolk verschwand durch Mauern und Türen.

Am Tage geschah nichts, aber gegen Abend glühten die Fakkeln wieder auf. Von allen Seiten drangen alte Weiber herein. Die hielten spitze Nadeln in den Händen und stachen damit nach den Augen des Schiffers. Diesmal mußte er die ganze Nacht sich wenden und springen, um sein Augenlicht zu erhalten. Bei Tagesanbruch verschwanden die alten Weiber, und der Hund brachte zu essen und zu trinken.

In der Abenddämmerung brannten die Fackeln erneut auf. Nun traten schwarze Gestalten in den Raum; unter ihren großen Kappen starrten Totenköpfe mit glühenden Augen den Schiffer an. Sie packten ihn und warfen ihn wie einen Ball hin und her. Immer höher warfen sie ihn, und wenn er dann hinunterfiel, wollte er seine Angst hinausschreien. Aber er hielt sich tapfer und gab keinen Laut von sich. Sobald es tagte, verschwanden die Gestalten, der Schiffer aber lag zu Tode ermattet auf der Erde.

Der schwarze Hund trug in seinem Maul ein goldenes

den Spaten, der neben dem Sarg in der Erde steckte, und fing an zu graben. Als er drei Spatenstiche tief war, hörte er schwere Schritte, ein Riese trat hinter einem Baum hervor und kam auf ihn zu. Gjalt zuckte nicht mit der Wimper, stellte die scharfe Kante des Spaten auf den Fuß des Riesen und fragte: «Hast du hier etwas zu besorgen?»

«Ja», sagte der Riese, «der Elende in dem Sarg schuldet mir noch einen Taler, und er wird so lange über der Erde bleiben, bis ich mein Geld habe!»

Gjalt langte in die Hosentasche und gab dem Riesen einen Taler. «Da hast du dein Geld. Und jetzt mach, daß du fortkommst. Ich mag dich nicht sehen.»

Der Riese ging, und Gjalt grub weiter. Als er noch drei Spatenstiche tiefer war, hörte er zum zweiten Mal etwas nahen. Hinter einem Baum trat ein Riese hervor, der größer war als der erste und auf jeder Schulter einen Kopf trug. Der verlangte auch einen Taler von dem Toten. Gjalt gab ihm seinen zweiten Taler und sagte, er solle verschwinden. Als er drei Spatenstiche weitergegraben hatte, trat ein dritter Riese hinter einer mächtigen Eiche hervor. Er trug einen Kopf auf dem Hals und zu beiden Seiten auf den Schultern noch einen. Dieses Ungeheuer forderte auch einen Taler, und Gjalt gab ihm den letzten, den er in der Tasche hatte, versenkte den Sarg in das Grab, warf es zu und ebnete den Boden.

Am anderen Morgen zogen die Brüder weiter. Als der Sandweg sich in drei verschiedene Richtungen gabelte, beschlossen sie, sich zu trennen. Gjalt erzählte, wie er in der Nacht sein ganzes Geld den drei Riesen hätte zahlen müssen, aber seine Brüder glaubten ihm nicht und dachten nicht daran, ihm auch nur einen Heller zu geben. Betrübt wanderte Gjalt weiter. Gegen Mittag setzte er sich hin, um etwas zu essen. Er öffnete den Beutel, den die Eltern ihm mitgegeben hatten, und nahm ein Brot heraus.

Da sah er von weitem einen alten Mann herankommen und wartete, bis er bei ihm war. Der alte Mann blieb stehen und bat im Namen Gottes um ein Gabe.

Gjalt sagte: «Gold und Silber besitze ich nicht, ich bin arm wie eine Wandlaus, aber ich habe noch etwas zu essen. Setz dich und greif zu.» Der Alte aß nur wenig und fragte Gjalt dann, wo er hinaus wolle.

Gjalt erzählte ihm, was geschehen war und daß er nun allein sein Glück suchen müsse. Sprach der alte Mann: «Ich will mitgehen und dir dienen. Zwei wissen mehr als einer.»

Gjalt mußte lachen: «Lieber Mann, ich brauche keinen Diener. Ich weiß ja selbst nicht, wo ich heute abend den Kopf hinlegen werde und ob ich morgen etwas zu beißen und zu brechen habe.»

«Du hast aus Barmherzigkeit in der vergangenen Nacht meinen einzigen Bruder begraben», antwortete der Alte. «Er ist mir erschienen, um es mir zu erzählen, und er hat mich gebeten, dir nach besten Kräften zu dienen, bis du dein Glück gemacht hast.»

Gjalt sagte: «Der Wunsch eines Toten muß erfüllt werden. Gut. Ich bin jetzt der große Gjalt und du bist der kleine Gjalt.»

Sie machten sich auf und gerieten in einen großen, dunklen Wald. Mitten in einem Teich stand ein mächtiges Schloß. Der Alte zeigte auf die Zugbrücke, die heruntergelassen war, und sagte: «Hier wohnt der Riese mit dem einen Kopf, der meinen Bruder über der Erde festhalten wollte, bis er seinen Taler bekäme.» Gjalt bedachte sich einen Augenblick, dann klopfte er ans Tor. Der Riese spähte über die hohe Mauer und fragte nach ihrem Begehr. «Komm schnell herunter», sagte Gjalt. «Dein Bruder mit den zwei Köpfen schickt uns. Er hat gehört, daß eine Horde von wohl fünfhundert Bauern hierher unterwegs sei, mit Sensen und mit Forken, um dich zu töten, weil du ihre Ernten aufgefressen hast.»

Der Riese fing an zu jammern, und der kleine Gjalt fragte, ob er nicht ein Versteck wüßte, wo er sich verkriechen könnte.

«Ja», sagte der Riese, «ich habe einen Brunnen. Der ist zweihundert Ellen tief. Über eine Leiter kann ich hinunterklettern.»

«Kriech hinein!» sagte der kleine Gjalt. «Wir werden den Bauern sagen, daß du geflohen bist und daß das Schloß uns gehört. Schreib einen Schenkungsbrief, den wir vorzeigen können.» In seiner Angst willigte der Riese ein, dann verschwand er in dem Brunnen.

Als er unten war, jagten der große und der kleine Gjalt alle Rinder und Pferde des Riesen über die Zugbrücke, daß es klang, als donnerte es im Schloß. Dann beugte sich der kleine Gjalt über den Brunnenrand und rief hinab: «Sie glauben uns nicht und suchen dich. Gleich sind sie hier. Ich habe gehört, daß du ein flammenscharfes Schwert besitzt und einen Beutel, der nie leer wird. Der große Gjalt kann uns mit dem Schwert verteidigen, und ich kaufe uns frei. Sag uns, wo das Schwert und der Geldbeutel sind, sonst ist es dein Tod!»

«Schnell», rief der Riese, «das Schwert hängt im Kamin, und der Beutel liegt im Nachttopf neben dem Bett.»

«Man kann nie wissen», rief der kleine Gjalt. «Wir ziehen jetzt die Leiter herauf und legen einen großen Stein auf den Brunnen. Dann können sie dich nicht finden.»

Der große Gjalt und der kleine Gjalt besaßen nun das flammenscharfe Schwert und den Beutel, der nie leer wird. Und der Riese war im tiefen Brunnen eingeschlossen.

Am nächsten Morgen zogen die beiden weiter und kamen zu dem Schloß, wo der Riese mit den zwei Köpfen wohnte. Ihm redeten sie ein, sein Bruder mit dem einen Kopf habe sie geschickt. Ein Heer von tausend Soldaten sei unterwegs, ihn zu töten. Dieser Riese landete in einem noch tieferen Brunnen, und von ihm gewannen sie den Mantel der Finsternis und die Stiefel, die schneller sind als der Wind.

Darauf zogen sie zu dem Schloß des Riesen mit den drei Köpfen und erzählten ihm, es sei Krieg. Grausame Feinde zögen heran, sein Schloß einzunehmen. Von diesem Riesen erhielten sie den Spiegel der Wahrheit und die Flügel, die von selber fliegen.

Der große und der kleine Gjalt machten sich wieder auf die Wanderschaft und gelangten zu einem prächtigen Palast. Der kleine Gjalt sprach: «Hier lebt ein König, dessen Tochter ist so stolz, daß ihr kein Freier gut genug ist. Dreizehn Königssöhne und edle Ritter haben für sie schon ihr Leben gelassen. Ein Zauberer hält sie in seiner Macht, und sie ist so schön, daß jeder Mann, der sie erblickt, alles tut, was sie von ihm verlangt. Aber bis heute konnte niemand die Aufgaben vollbringen, und alle sind dabei ums Leben gekommen. Wer den Zauber bricht, bekommt sie zur Gemahlin.»

Der große Gjalt und der kleine Gjalt traten in den Palast und wurden vor den König geführt. «Was wünscht ihr?» fragte der König.

«Ich will eure Tochter heiraten», antwortete der große Gjalt. Schweigend gab der König ein Zeichen. Ein Vorhang wurde beiseite geschoben, und sie erblickten eine Königstochter auf einem goldenen Thron. Sie war so schön, daß die Sonne daneben ihren Glanz verlor.

«Du hast es selbst gesagt», sprach der König. «Drei Aufgaben mußt du vollbringen. Wenn eine davon dir mißlingt, wirst du sterben wie die dreizehn, die vor dir gestorben sind. Als erstes mußt du Karten spielen mit dem Zauberer, der meine Tochter begehrt. Wer kein Geld mehr hat, hat verloren. Am zweiten Tag mußt du mit ihm um die Wette laufen, um ein Ei aus dem Nest eines Adlers zu holen. Der Adler haust auf einem Berg, dessen Gipfel in die Wolken ragt. Zuletzt mußt du mit dem Zauberer kämpfen und mir sein Haupt bringen.»

Als die Zeit kam, wurde der große Saal des Palastes geräumt. Schlag Mitternacht flogen die Türen auf, der Zauberer trat ein und setzte sich dem großen Gjalt gegenüber. Gjalt hatte den Geldbeutel-der-nie-leer-wird auf dem Schoß, aber der Zauberer gewann jedes Spiel. Drei Tage und drei Nächte spielten sie. Essen und Trinken bekamen sie nicht. Wer es nicht mehr aushalten könnte, hätte verloren, so war bestimmt worden. Die ganze Zeit stand der kleine Gjalt hinter dem Stuhl des großen Gjalt. Der konnte zuletzt die Augen nicht mehr offen halten.

Da spürte er, daß ihm etwas auf den Schoß gelegt wurde. Er schlug die Augen nieder und erblickte den Spiegel der Wahrheit, den der kleine Gjalt ihm gereicht hatte. Eben wurden die Karten neu ausgeteilt, und er sah im Spiegel die Karten des

Zauberers. Plötzlich war er hellwach und sprach zu dem Zauberer: «Du fürchtest dich nicht? Ich auch nicht!»

Er nahm den Beutel und stellte ihn mitten auf den Tisch. «Das ist alles, was ich habe», sagte er. «Wagst du es, auch so weit zu gehen?» Der Zauberer konnte nicht zurückstehen und setzte all sein Geld dagegen. Als der große Gjalt die letzte Karte ausspielte, hatte der Zauberer verloren.

In der folgenden Nacht um zwölf Uhr standen der große Gjalt und der Zauberer vor der Zugbrücke zum Wettlauf bereit. Beim letzten Schlag rannten sie los zum höchsten Gipfel des Berges. Sogar mit den Stiefeln, die schneller sind als der Wind, konnte Gjalt nicht neben dem Zauberer bleiben. Als die beiden Gjalt zum Berg kamen, war der Zauberer schon auf halbem Wege oben. Der große Gjalt warf die Schuhe weg und schlüpfte in die Flügel, die von selber fliegen. Schneller als ein Adler stieg er auf, und als er mit dem Ei in den Händen zum Palast kam, war der Zauberer noch nicht wieder unten am Berg.

Zuletzt wurde um Mitternacht auf dem Schloßhof gekämpft. Das Schwert des großen Gjalt fuhr wie ein Blitz umher, aber der Zauberer war ihm gewachsen, und der Kampf dauerte drei Tage und drei Nächte. Der große Gjalt konnte kaum mehr auf den Füßen stehen, der Zauberer jedoch schien immer stärker und schneller zu werden. Als sie sich einen Augenblick keuchend gegenüberstanden, warf der kleine Gjalt dem großen Gjalt den Mantel der Finsternis um, und dieser wurde vor den Augen des Zauberers eins mit der dunklen Nacht. Ohne daß der Zauberer einen Finger rühren konnte, schnitt das Schwert des großen Gjalt durch seinen Hals, und das Haupt rollte ihm vor die Füße.

Im Palast wurde ein großes Fest gefeiert, und nach Jahr und Tag fuhr der große Gjalt mit der Königstochter zu seinen Eltern. Die beiden Brüder waren längst wieder zu Hause und standen mit Spaten und Hacke auf dem Acker.

Die Eltern bezogen ein eigenes Haus neben dem Palast. Der kleine Gjalt verwaltete alle Güter, und die Brüder halfen ihm.

Über den Glasberg

Am Rande eines großen Waldes, dort wo die Heide sich dehnt, lebte eine Witwe mit ihren drei Töchtern. Sie war so arm wie eine Kirchenmaus. Im Herbst las sie die Ähren vom kahlen Acker, um im Winter nicht hungern zu müssen, und sammelte Tannenzapfen, um Brennstoff für die kalten Tage zu haben.

Eines Tages sagte die älteste Tochter: «Hier bleibe ich nicht länger. Es kann überall in der Welt nur besser sein als hier. Ich werde mein eigenes Glück suchen. Wenn Mutter mir ihre Holzschuhe gibt, nehme ich den letzten Brotkanten aus der Speisekammer mit.»

Die Mutter schaute sie an und sprach: «Ich kann dich nicht halten. Du darfst den halben Kanten haben, und wenn du mir meine Holzschuhe läßt, werde ich dir meinen Segen mitgeben. Du kannst freilich alles mitnehmen, was du willst, aber dann werde ich dir nicht einmal nachschauen, wenn du zur Tür hinausgehst.»

Das Mädchen schmähte: «Mit dem halbverschimmelten Brot und auf zerschlissenen Holzschuhen komme ich ohnehin nicht weit, wie soll das denn mit einem halben Kanten und barfuß gehen? Mutter kann ihren Segen behalten, davon habe ich nie viel gehalten. Ich nehme, was ich brauche, und ich gehe!»

Es schnappte sich das Stückchen Brot aus der Kammer, schlüpfte in die Holzschuhe der Mutter und ging. Die Mutter schloß die Tür und schaute ihr nicht nach. Lange ging das Mädchen durch den Wald, und gegen Mittag setzte es sich, um etwas von dem Brot zu essen. Als es eben hineinbeißen wollte, kam ein altes, gänzlich verhutzeltes Weiblein aus dem Gebüsch. Es trug ein Reisigbündel auf dem Rücken und einen Knotenstock in der Hand. Neben dem Mädchen blieb es stehen und sprach: «Ich bin alt und arm. Seit gestern habe ich keinen Bissen im Mund gehabt. Gib mir etwas zu essen.»

Aber das Mädchen wurde böse und fauchte: «Pack dich weg, alte Bettlerin! Ich habe selber nicht genug. Wie soll ich denn so einer alten Mitesserin auch noch die Kost geben?» Als die Alte nicht gleich ging, warf das Mädchen einen Holzschuh nach ihr, und die Alte verschwand im dunklen Wald.

Das Mädchen aß noch etwas und ging dann weiter. Gegen Abend hatte es den Wald durchquert. Vor ihm stand eine niedrige Hütte am Rand einer Heide. Und weil es meinte, dort vielleicht eine Ecke zum Schlafen zu finden, rief es an der Tür: «Jemand da?»

Als eine Frau erschien, glaubte das Mädchen zunächst, das sei die Alte aus dem Wald. Die war aber ganz krumm gewesen, und diese ähnelte ihr nur, war aber nicht krumm. Sie bat das Mädchen herein, und als es sich auf einen Stuhl am Küchentisch hatte fallen lassen, sagte die Frau zu ihm:

«Du möchtest heute nacht hier bleiben? Gut, aber du mußt etwas dafür tun. Du kannst Essen und Trinken bekommen, wenn du mir versprichst, wach zu bleiben. Mein Sohn ist gestorben und liegt in der Stube. Du kannst bleiben, wenn du bei ihm wachen willst.»

«Die Toten können nicht schlechter sein als die Lebenden. Gib mir Essen und Trinken, und ich werde kein Auge zutun.»

Die Frau zeigte dem Mädchen die Stube und stieg selbst die Treppe hinauf, um sich oben schlafen zu legen. Das Mädchen trug Essen und Trinken in die Stube. Dort lag in einem offenen Sarg der verstorbene Jüngling. Es setzte sich an den Tisch, aber schon recht bald schlief es ein. Schlag zwölf schrak es auf und sah, wie der Jüngling sich aus dem Sarg erhob. Er sprang über den Rand auf den Boden und sah es mit brennenden Augen an. «Du bist ein schönes Mädchen», sagte er. «Ich hätte wohl Lust, dich dahin mitzunehmen, wo ich hingehe. Ich muß noch weit, weit fort diese Nacht!»

Das Mädchen sprang vom Stuhl: «Meinetwegen kannst du in den Himmel oder zur Hölle gehen; aber ohne mich! Geh du deine eigenen Wege!» Es riß die Tür auf und rannte über den Hof. Am Grabenrand traf es ein Blitz und verwandelte es in eine Weide.

Kurze Zeit darauf sagte die zweite Tochter zu der Witwe: «Ich will auch in die Welt gehen und mein Glück suchen. Schlachte das letzte Huhn, das im Stall sitzt, dann kann ich es braten und mitnehmen. Und gib mir dein Schultertuch mit.»

Die Mutter schaute sie an und sprach: «Nimm die letzten Eier und laß mir mein Schultertuch, dann werde ich dir meinen Segen geben. Du kannst dir auch nehmen, was du haben willst, aber dann werde ich dir nicht nachschauen, wenn du zur Tür hinausgehst.»

«Mit dem alten, mageren Huhn und dem halb zerrissenen Schultertuch werde ich schon nicht weit kommen, wie denn mit einigen Eiern und dieser dünnen Jacke?» sagte das Mädchen. «Mutters Segen hat uns nie viel Gutes gebracht, den kann Mutter behalten. Ich nehme mit, was ich haben will!»

Sie schlachtete und briet das Huhn. Sie nahm der Mutter das Tuch von den mageren Schultern und ging zur Tür hinaus. Ihre Mutter schloß die Tür und schaute ihr nicht nach, als sie in den Wald ging.

Es erging dem zweiten Mädchen nicht anders als seiner Schwester. Als es auf einem umgestürzten Baum saß, um etwas von dem Huhn zu essen, kam das alte Weiblein mit dem Reisigbündel und dem Knotenstock aus dem Gestrüpp und bat um einen Bissen. Das Mädchen verlachte es und schlug mit einem Zipfel des Schultertuches nach ihm, um es zu vertreiben. Die Alte verschwand, und das Mädchen ging weiter.

Als es zu der Hütte kam, erfuhr es das gleiche. Aber dieses Mädchen war noch verstockter und verlangte außer Essen und Trinken noch drei Heller Wachlohn von der Frau. Die legte schweigend drei neue Heller auf den Tisch. Noch rascher legte das Mädchen den Kopf schnarchend auf den Tisch, und als es aufschrak, stand der tote Jüngling dicht vor ihm. Er bat es, mitzugehen, aber das Mädchen rannte aus dem Haus, und eben, als es über die Hecke springen wollte, traf es ein Blitz und verwandelte es in einen Holunderbaum.

Nach einiger Zeit sagte die jüngste Tochter zu der Witwe: «Mutter, meine beiden Schwestern sind gegangen, ihr Glück zu suchen. Ich kann hier auch nicht bleiben. Morgen werde ich den ganzen Tag Ährenlesen, übermorgen auf dem Kartoffelacker nachlesen und am letzten Tag in den Wald gehen und soviel Holz holen, wie ich nur tragen kann.» Gesagt, getan.

Am dritten Abend sagte sie: «Wenn Mutter für mich zubereiten will, was sie entbehren kann, und mir ihren Segen gibt, wenn ich aus der Tür gehe, dann will ich morgen früh gehen.» Am anderen Morgen gab die Mutter ihr ein Tüchlein mit Essen, holte ein Paar Holzschuhe vom Dachboden, legte ihr ein Tuch um die Schultern, steckte ihr ein Riechfläschchen in die Schürzentasche, küßte sie auf die Augen und flüsterte ihr den Segen ins Ohr. Als das Mädchen aus der Tür ging, schaute die Mutter ihm so lange nach, bis es im Wald verschwand.

Gegen Mittag setzte sich das Mädchen auf einen Baumstumpf und band sein Tüchlein auf, da stand auch schon das alte Weiblein vor ihm und bat um Essen. Das Mädchen rückte auf die Seite und sagte: «Setz dich zu mir. Ich bin noch jung und stark, es wird wohl für uns beide reichen.»

Die Alte fragte, wo es hingehe, und es erzählte, daß es seinen Schwestern nachgehe, um das Glück zu suchen, und daß die Mutter ihm ihren Segen mitgegeben hätte.

«Ein Mädchen, das den Segen seiner Mutter bekommen hat, braucht sich nie zu fürchten», sagte die Alte. «Tue, was dein Herz dir eingibt, wo du auch bist!»

Auch die Jüngste kam zu der Hütte und wurde hereingebeten, und als die Frau ihr erzählte, daß ihr Sohn tot in der Stube liege, weinte sie vor Mitleid. Sie sprach: «Ich werde auch ohne Belohnung heute nacht bei ihm bleiben und wachen, damit ihr euch schlafen legen könnt. Wir wollen zusammen zu ihm gehen, ehe ihr hinaufgeht.» Als sie in die Stube traten, erblickte sie in dem Sarg einen schönen Jüngling mit dunklen Locken. Sie dachte: Warum bin ich dir nicht im Leben begegnet? Wir beide wären glücklich gewesen.

Die Frau stieg zum Dachboden hinauf, und das Mädchen setzte sich auf einen Stuhl neben den Sarg. Es ging ihm so viel durch den Sinn, es dachte nicht ans Schlafen; es hatte obendrein versprochen zu wachen. Schlag zwölf sprang der Jüngling aus dem Sarg und stand vor ihm. Er hatte dunkle, glänzende Augen und eine frische, rote Farbe.

Er sprach: «Du bist ein schönes Mädchen. Ich hätte wohl Lust, dich dahin mitzunehmen, wo ich hingehe. Ich muß noch weit, weit fort diese Nacht.»

Das Mädchen antwortete: «Ich habe versprochen, heute nacht bei dir zu bleiben. Wo du hingehst, werde ich auch hingehen.»

Sprach der Jüngling: «Wisse, was du beginnst! Ich muß weiche Moraste und brennende Moore durchqueren, durch den Hohlweg im reißenden Wald eilen; ich muß in die Höhlen des Schreckens hinabsteigen, um über den Glasberg in die Tiefen des toten Meeres zu springen!»

Aber das Mädchen wankte nicht: «Was ich versprochen habe, das werde ich halten. Mit dem Segen meiner Mutter will ich gehen, wohin du gehst.»

Als sie zu den Sümpfen kamen, lief der Jüngling darüber hinweg wie über festen Sandboden, aber das Mädchen sank schon nach wenigen Schritten ein und konnte nicht weitergehen.

Auf einmal stand das alte Weiblein aus dem Wald neben ihm und sprach: «Fürchte dich nicht!» Es berührte mit seinem Knotenstock die Holzschuhe des Mädchens, und die Sohlen wuchsen aus zu Sumpfbrettern. So lief es leicht und federnd über den Sumpf wie der Jüngling vor ihm.

Als es ihn eingeholt hatte, stand er am Rande eines brennenden Moores. Ehe es etwas sagen konnte, lief er in das Feuer hinein und verschwand in dem beißenden Rauch. Die Glut schlug dem Mädchen entgegen, es konnte kaum atmen.

Da stand wieder das alte Weiblein neben ihm: «Fürchte dich nicht!» Es schlug das Schultertuch um den Kopf des Mädchens und wickelte es um seine Hände. Ohne daß Rauch und Feuer ihm etwas anhaben konnten, lief es nun so schnell es konnte über brennende Kohlen und durch glühende Büsche.

Es erreichte den Jüngling wieder am Eingang des Hohlweges durch den reißenden Wald. Bäume und Sträucher, die von den hohen Böschungen herabhingen, hatten Krallen wie wilde Katzen und speichelnde Lefzen wie beißende Hunde. Überall hingen zischende Schlangen, und an den Zweigen wuchsen die Dornen wohl fünf Daumen lang. Alles bewegte sich wie in einem Strudel.

Der Jüngling eilte hindurch, ohne daß ihn etwas berührte, aber das Mädchen fand keinen Platz, den Fuß hinzustellen.

Wieder stand die Alte neben ihm. «Fürchte dich nicht!» Sie nahm dem Mädchen das Riechfläschchen aus der Tasche und beträufelte es damit. Als das Mädchen behutsam einen Schritt in den Hohlweg wagte, zogen die Bäume die Krallen ein, die Rachen schlossen sich, die Schlangen hingen schlaff herab, die Dornen wurden stumpf, und der Wind legte sich. Das Mädchen ging wie über ein offenes Feld. Es holte den Jüngling ein und sah, wie er in einer tiefen Höhle verschwand. Aus der Finsternis erscholl ein übelerregendes Heulen und Jammern. Menschen ohne Gesichter leuchteten im Dunkeln auf, Tiere mit schäumenden Rachen schwammen in Blutlachen, von dem Gewölbe hingen Fledermäuse herab, die aus allem, was vorüberkam, Blut saugten.

Das Mädchen verzagte und wich zurück. Aber die Stimme der Alten sprach: «Fürchte dich nicht!» Sie strich dem Mädchen über Augen und Ohren, zeigte auf die Höhle und sagte: «Tue, was dein Herz dir eingibt!»

Das Mädchen lief in die Höhle hinein, und während um es herum die Schrecknisse wogten wie dichte Rußflocken, spürte es nichts auf seiner Haut; seine Augen konnten sie nicht sehen, seine Ohren nicht hören.

Als es aus der Höhle kam, stand es am Fuße des Glasbergs, der so hoch war, daß es den Gipfel nicht sehen konnte. Überall waren tiefe Spalten und seifenglatte Wände. Der Jüngling sprang hinauf, als wäre der Boden rauh, mit nassem Sand bestreut. Das Mädchen aber glitt nach allen Seiten ab, es konnte sich gar nicht auf den Füßen halten.

Das alte Weiblein neben ihr sprach: «Fürchte dich nicht», und zerriß das Tüchlein, darein die Mutter das Essen für das Mädchen gebunden hatte und band die zwei Teile um die Holzschuhe. Ohne einmal fehl zu treten, stieg es jetzt über die spiegelglatten Flächen und an den Spalten entlang hinauf.

Oben stand der Jüngling an einem unauslotbar tiefen Abgrund. Weit unter ihm brodelte der pechschwarze Schlund. Er breitete die Arme aus und sprang. Von weitem vernahm das Mädchen die Stimme der Alten: «Fürchte dich nicht!» Ohne Zögern sprang es hinter dem Jüngling her in die Tiefe. Der Wind brauste und nahm ihm den Atem. Dann schlug das eiskalte Wasser über ihm zusammen, und es versank immer tiefer. Die Glieder erstarrten, und seine Gedanken wurden müde und träge. Plötzlich umfingen es zwei starke Arme, und blinzelnd gewahrte es den Jüngling neben sich. Wieder hörte es die Worte: «Fürchte dich nicht!» Es legte den Kopf an seine Schulter und ergab sich.

Wie in einem Traum wurde es über leuchtend grüne Felder getragen, über ihm spannten sich tausend Regenbogen, es sah die Farben aller Blumen und Schmetterlinge der Erde und kostete den Geschmack reinen Honigs.

Als es wieder zu sich kam, lag es zu Hause auf seinem eigenen Bett. Die Tür ging auf, und der Jüngling, dem es gefolgt war, trat ein.

Er setzte sich zu ihr und sprach: «Ich war ein verzauberter Königssohn, aber jetzt bin ich erlöst, und wenn du willst, werden wir glücklich sein. Eine Hexe hatte mich verwünscht, weil ich mich nicht mit ihr vermählen wollte, sondern lieber auf ein Mädchen wartete, das ich wahrhaft lieben könnte. Sobald nun eine andere Frau in meine Nähe kam, lag ich scheintot im Sarg und stand dann nachts um zwölf Uhr wieder auf. Die Verzauberung konnte nur gebrochen werden, wenn ein Mädchen mich so sehr lieben würde, daß es mir durch die Tiefen der Hölle zu folgen wagte. Deine Schwestern dachten nur an sich selbst und wurden in eine Weide und in einen Holunderbaum verwandelt. Als letztes mußt du einen Wunsch aussprechen, der erfüllt werden wird.»

Das Mädchen bedachte sich und sagte dann mit Tränen in den Augen: «Ich weiß, daß Mutter und ich nicht glücklich sind, solange meine Schwestern ein so schweres Schicksal tragen müssen. Laß sie wiederkommen, dann will ich für immer dein sein.» Die Tür flog auf, und ihre Mutter trat ein, zwischen den beiden Schwestern. Diese baten die Mutter um Vergebung und um ihren Segen.

Der Jüngling sprach zu dem Mädchen: «Das war das letzte, was von dir verlangt wurde, um mich zu erlösen. Nur ein Mädchen, das nicht an sich selbst, sondern an andere denkt, vermochte das.»

Das Mädchen wurde mit dem Prinzen vermählt, und später, als er König in dem Reich hinter dem großen Wald war, wurde es Königin. Das alte Weiblein war eine gute Fee und erschien bei der Hochzeit mit lauter guten Gaben für die glückliche Braut. Mutter und Schwestern lebten bei ihr, nie wieder haben sie Armut und Elend gekannt.

Der Riese ohne Herz

Einst lebte ein König, der hatte nur eine Tochter, ein schönes, anmutiges Mädchen. Abends, wenn sie bei ihrem Vater saß, nahm sie die Harfe und spielte und sang für ihn, um seine Sorgen zu vertreiben. Sie hatte eine Stimme wie ein Engel, und es klang, als käme ihre Musik geradewegs aus dem Himmel.

Eines Abends, als sie im Schloßgarten saß, sang und spielte, schwebte ein riesiger, pechschwarzer Vogel herab und packte sie mit seinen Krallen. Ehe die Wachen eine Hand rühren konnten, trug er die Königstochter über die Mauer und flog mit ihr nach den fernen Bergen.

Der König war untröstlich und schickte das ganze Heer aus, seine Tochter wiederzubringen. Aber wie sie auch suchten, einer nach dem anderen kehrte zurück, ohne eine Spur von dem Vogel oder der Prinzessin gefunden zu haben. Der König saß blaß und mager auf seinem Thron, das Essen schmeckte ihm nicht mehr, er wollte mit niemandem sprechen, er siechte dahin.

Auf den Rat seiner Weisen hin ließ er überall ausrufen, wer die Königstochter fände und zurückbrächte, der solle das halbe Königreich erben und sie zur Gemahlin bekommen.

Von allen Seiten kamen tapfere Ritter und Edelleute an den Hof und machten sich auf die Suche, aber die Zeit verrann, und keiner kehrte mit einer guten Nachricht zu dem trauernden König zurück.

An einem frühen Morgen wünschte der König auszureiten und befahl seinem liebsten Schildknappen, die Pferde bereitzuhalten. Stunde um Stunde ritten sie. Als sie gegen Mittag absaßen, kauerte sich der König auf einen umgefallenen Baum und stützte den Kopf in beide Hände.

Der Knappe schlug Feuer, und als es hell aufflammte, sagte er: «Oh König, nie wagte ich, darum zu bitten, denn alle, die es versucht haben, waren vielleicht mutiger und stärker als ich – aber laßt mich ziehen und die Prinzessin suchen, ehe Ihr ganz verzweifelt. Ich liebe sie schon so lange. Deshalb verzichte ich auf das Königreich, und wenn sie nicht will, soll sie mich nicht zum Gemahl nehmen. Ich wünsche nur, daß sie glücklich ist. Oft stehe ich in der Nacht am Fenster, oder ich wandere durch den Schloßgarten, und dann höre ich sie wieder singen und spielen. Ich weiß, daß meine Liebe und meine Sehnsucht mir zeigen werden, wo ich sie finden kann.»

Schweigend hatte der König ihm zugehört. Dann antwortete er: «Wenn du sie durch deine Liebe hören kannst, so soll deine Liebe dir den Weg zeigen. Alles, was ich besitze, kannst du dafür haben.»

Aber als sie wieder im Schloß waren, traf der Knappe keine Vorbereitungen für die Reise, sondern setzte ruhig und bestimmt seine Arbeit fort. Der König ließ fragen, warum er keine Anstalten mache, und der Knappe antwortete: «Wie soll ich sie finden, wenn ich ihre Stimme nicht hören kann? Laßt mir Zeit. Ich werde gehen, sobald ihre Stimme über Berge und Wälder mich erreicht.»

In einer Vollmondnacht, Eulen und Fledermäuse schwirrten um das Schloß, stand der Knappe draußen und lauschte. Als der Mond über dem Schloßgarten stand, vernahm er im leisen Flüstern der Brise in den Baumkronen das Zittern einer Harfe, und dann, wie den Gesang von aberhundert Nachtigallen, trug der Wind ihm die Stimme der Königstochter über Felder und Wälder zu.

Jetzt zögerte der Knappe nicht länger. Er hüllte sich in seinen Mantel und sprang auf das Pferd, das neben ihm gewartet hatte. Sie galoppierten durch den Wald und über die Heide; als aber der Morgen dämmerte, konnte er über den Vogelstimmen in den Bäumen und dem Jubel der Lerche auf der Heide die Stimme der Königstochter nicht mehr hören. Er stieg ab, breitete seinen Mantel unter hohen Heidesträuchern aus und legte sich schlafen.

Nacht für Nacht ritt er weiter, durch schwarze Wälder, über fahle Felder, durch saugende Sümpfe und über sengenden Sand. Er wußte nicht mehr, wie lange er schon geritten war, er hatte jedes Gefühl für Raum und Zeit verloren. Die hohen, schwarzen Berge kamen immer näher, der Wind blies kälter. Der Boden war steinhart gefroren, und Schnee wirbelte ihm in die Augen. Sein Pferd konnte keinen Schritt mehr gehen, und auch er war so erschöpft, daß er sich nicht mehr aufrichten konnte, als er von seinem Pferd in den Schnee sank. Wie er dort lag, sah er, daß der dunkle Himmel über den Bergen lichterloh zu brennen anfing. Die Glut trieb auf den Wolken, und mit dem Wind wurde die Stimme der Königstochter zu ihm getragen, klarer und näher als je zuvor.

Er raffte sich auf, und obwohl er kaum wußte, daß er weiter kam, stolperte und wankte er der Stimme nach. Dann verlor er die Besinnung, und als er wieder zu sich kam, lag er, mehr tot als lebendig, in einer tiefen, dunklen Höhle in den Bergen. Die Harfe und die Stimme der Königstochter hatten ihn geweckt. Sie kamen aus dem Dunkeln.

Allmählich konnte er die Wände der Höhle unterscheiden, weil abertausend Glühwürmchen daran herumkrochen, und den Boden der Höhle, der sich absenkte. Er stand auf, und obwohl er so schnell ging, wie er nur konnte, schien sie kein Ende zu nehmen. Die Stimme der Königstochter blieb gleich weit entfernt. Er hatte seit Tagen nichts gegessen und drohte zu verschmachten. Endlich sah er von weitem eine kleine Hütte, die an der Seite der Grotte aus dem Stein gehauen war. Er klopfte an die Tür, und ein kleines Männchen mit einem langen, grauen Bart öffnete. Der Knappe fragte, ob er sich etwas ausruhen dürfe, und das Männchen lud ihn herein. Als der Knappe um Essen bat, sagte das Männchen: «Neben der Tür steht eine Angel. Wenn du im dunklen Fluß einen Leuchtfisch fangen kannst, werde ich ihn für dich braten, dann kannst du dich satt essen.»

Der Knappe nahm die Angel, und das Männchen zeigte ihm den Weg zum Wasser. Der Fluß war schwarz wie eine Neumondnacht, und es war, als schossen Blitze durch die Tiefen. Sobald er den Haken ausgeworfen hatte, wurde der in die Tiefe gezogen. Mit Mühe zog er ihn herauf, da hing ein Fisch daran, der aus lauterem Licht geschaffen war.

Als er ihn auf dem Trockenen hatte und mitnehmen wollte, sagte der Fisch: «Lösche nicht das Licht, das du brauchst, um deinen Weg im Dunkeln zu finden. Laß mich frei, und wenn du mich brauchst, so werde ich bei dir sein und dir meine Gestalt und meine Kraft leihen.»

«Ach», sagte der Knappe, «die werde ich kaum brauchen. Aber ich will dein strahlendes Licht nicht löschen.» Er setzte den Fisch wieder ins Wasser und ging mit seinem würgenden Hunger zu der Hütte zurück. Schon draußen stieg ihm Essensduft in die Nase, und als er eintrat, wankte er bei dem Geruch von gebratenem Fleisch. Das Männchen lachte: «Ich dachte schon, daß du ohne Fisch zurückkommen würdest – darum habe ich selbst für Essen gesorgt. Setz dich und greif zu!»

Nach dem Essen fragte der Knappe das alte Männchen, wo die Königstochter zu finden wäre, aber das schüttelte den Kopf. «Das kann ich dir nicht sagen, ich wohne hier nämlich noch nicht so lange. Du mußt weiter gehen und meinen Vater fragen. Der lebt am Fuße des Vogelberges und weiß mehr als ich. Grüße ihn von mir, wenn du ihn findest.»

Der Knappe fragte, wie weit es bis zu seinem Vater wäre, und das alte Männchen antwortete: «Auf einem Bein ist es zu weit, auf zwei recht beschwerlich.»

Der Knappe zog weiter, viele Tage lang. Da sah er wieder eine Hütte, die aus dem Stein gehauen war, und vor der Tür saß ein uraltes Männchen, und sein Bart war doppelt so lang wie der seines Sohnes. Der Knappe richtete die Grüße aus und bat um ein Nachtlager. Das Männchen sagte, ja, es habe aber kein Essen im Haus. «Wenn du etwas essen möchtest, dann steige auf den Vogelberg und hole ein Ei vom Feuervogel.»

Der Knappe stieg mühsam den steilen Vogelberg hinauf. Es

führte kein einziger Weg dorthin. Er mußte über schroffe Felsen klettern und an tiefen Schluchten entlangkriechen, die wohl hundert Ellen hinabfielen. Auf dem Gipfel brannte ein gewaltiges Feuer, und mitten in der Glut saß ein flammender Vogel auf einem glühenden Ei.

Der Knappe wollte das Ei nehmen, aber der Feuervogel sagte: «Lösche nicht das Feuer der Zukunft. Du wirst es noch brauchen auf deinem Weg zum Ziel. Laß mir mein Ei, und ich werde dir, wenn du mich brauchst, meine Gestalt und meine Kraft leihen.»

«Ach», sagte der Knappe, «das wird mir kaum nützen. Aber ich will dein einziges Ei nicht nehmen. Deine Zukunft steckt ja darin.»

Er kletterte den Vogelberg wieder herunter. Vor der Hütte stieg der Geruch von gebratenem Fleisch zu ihm auf, daß ihm das Wasser im Mund zusammenlief. Das uralte Männchen lachte, als er eintrat: «Ich dachte schon, daß der Feuervogel dein Herz rühren würde. Ich habe das Essen vorbereitet. Setz dich und greif zu!»

Nach dem Mahl fragte der Knappe, wo er die Königstochter finden könne, und das uralte Männchen antwortete: «Davon weiß ich nichts. Aber mein Vater kann dir gewiß mehr erzählen. Er ist weiter in der Welt herumgekommen als ich. Wandere nur geradeaus. Sein Häuschen steht hinterm Fuchswald am Fuchsrain. Sage ihm einen Gruß von mir.»

«Wie weit muß ich noch gehen?»

«Auf einem Bein ist es zu weit, auf zweien, so du sie zu gebrauchen weißt, kommst du hin. Lieber will ich dir ein drittes mitgeben!» Er holte einen Stock hinter der Tür hervor und drückte ihn dem Knappen in die Hand.

Mutig machte sich der Knappe auf den Weg. Tage später geriet er in einen dichten, wilden Wald. Als er ihn durchwandert hatte, stand er in einer langen Allee und sah ein Häuschen, das aus einem großen Felsbrocken gehauen war. Er klopfte an und wurde von einem ururalten Männchen freundlich hereingebeten, das seinen Bart hinter sich herzog.

Der Knappe bat um Unterkunft, und das Männchen sagte: «Ja, aber ich habe nichts zu essen im Haus. Geh in den Wald und töte das erste, das dir über den Weg läuft, dann werde ich es dir zubereiten.»

Der Knappe ging in den finsteren Wald hinein und sah schon bald zwei große und zwei kleine Augen glänzen. Als er den Stock hob und zuschlagen wollte, hörte er die Stimme eines Fuchses, der sprach: «Lösche nicht das Licht in den Augen meines einzigen Jungen. Wenn du ihm das Leben läßt, so will ich dir meine Gestalt und das Licht meiner Augen leihen, wenn du darum bittest. Obendrein will ich dir in allem dienen, bis du dein Ziel erreicht hast.»

Der Knappe sprach: «Das wird mir wenig nützen. Aber ich will das Licht nicht löschen. Dann esse ich eben nicht.»

Betrübt kehrte er um. Aber als er zu dem Häuschen kam, roch er schon von weitem, daß etwas auf dem Feuer stand. «Ich dachte schon, daß du nicht einfach zuschlagen würdest», sagte das Männchen, als er eintrat. «Der alte Fuchs hat dein Herz gerührt, deshalb habe ich etwas zu essen gemacht. Setz dich und greif zu!»

Als der Knappe satt war, fragte er das ururalte Männchen, wo die Königstochter zu finden sei. «Ich weiß es nicht», sagte das Männchen. «Aber noch weiter wohnt der Riese von Verstecken-und-Entdecken. Wenn einer es wissen sollte, dann ist er es.»

«Wie weit ist es dorthin?»

«Auf einem Bein ist es zu weit, auf zwei möglich, auf drei erreichbar, aber am schnellsten geht es auf vier.»

Am frühen Morgen machte der Knappe sich auf den Weg zu dem Riesen von Verstecken-und-Entdecken. Kaum war er außer Sichtweite des Häuschens, so stand der Fuchs am Wegrand.

«Was ich versprochen habe, das halte ich», sagte er, «mein nein ist nein, aber mein ja ist ja! Ich bin gekommen, dir zu dienen. Du brauchst nicht zu Fuß zu gehen, ich trage dich, wohin du willst. Setz dich nur auf meinen Rücken!»

Der Knappe zögerte. Als er aber einmal auf dem Rücken des

Fuchses saß, sauste der wie ein Wirbelwind davon. Er rannte durch Wälder, um Felsbrocken herum, an Schluchten entlang, daß dem Knappen die Haare schier vom Kopfe gepustet wurden. Der Fuchs lief ohne Rast noch Ruh, und nach einem Tag und einer Nacht kamen sie an ein schwarzes Schloß.

«Dort wohnt der Riese von Verstecken-und-Entdecken», sagte der Fuchs. «Fürchte dich nicht und geh zu ihm hinein. Ich werde hier auf dich warten. Und wenn er dich etwas fragt oder dir eine Aufgabe stellt, dann hast du noch Zeit genug, mich um Rat zu fragen. Er tut nichts umsonst und will immer das Tuch an fünf Zipfeln haben.»

Der Knappe lief über die Zugbrücke und schlug ans Tor. Es wurde geöffnet, ohne daß er eine lebende Seele erblickte. Er trat in das Schloß, und mitten im großen Saal saß der Riese von Verstecken-und-Entdecken auf einem gewaltigen Thron.

Der Knappe ging auf ihn zu und fragte, ob der Riese von Entdecken-und-Verstecken ihm sagen könne, wo die Königstochter sei.

«Das weiß ich freilich. Aber weshalb sollte ich es dir erzählen? Umsonst geht nur die Sonne auf», antwortete der Riese. «Ich heiße nicht ohne Grund der Riese von Verstecken-und-Entdekken. Drei Tage werde ich mich verstecken, und du mußt mich finden. Gelingt dir das, dann darfst du dich drei Tage verstekken, und ich muß dich suchen. Du kannst es dir noch anders überlegen, denn findest du mich einmal nicht, so ziehe ich dir die Haut ab und werfe dich in siedendes Öl. Finde ich aber dich, so häute ich dich und reibe dich ein mit Pfeffer und Salz.»

Der Knappe schauderte, als er aber an die Prinzessin dachte, sprach er. «Es gilt – wenn du mir versprichst zu sagen, wo ich die Prinzessin finden kann.»

Er ging zum Fuchs hinaus und berichtete, was sie ausgemacht hatten. Der Fuchs lachte: «Das wird sich finden. Geh noch einmal zum Riesen und hole einen Sack voll Essen.» Der Knappe holte einen Sack voll Essen, und der Fuchs hieß ihn, es aufs allerfeinste zuzubereiten. Dann rollte er sich zu einem Knäuel zusammen und fing an zu schnarchen.

Als frühmorgens die Sonne aufging und der Fuchs immer noch schlief, wurde der Knappe unruhig und weckte ihn. Er sagte: «Vergiß nicht, daß ich heute das erste Mal den Riesen suchen muß. Und es tagt schon!»

Der Fuchs gähnte und streckte sich: «Ich kann nicht nachdenken, ehe ich mich nicht gewaschen habe. Geh auf den Schloßhof zu dem tiefen Brunnen und hole mir einen Eimer Wasser.»

Er tat, was der Fuchs verlangt hatte, obwohl ihm das Herz im Halse klopfte. In der Aufregung schlüpfte ihm das Brunnenseil aus der Hand, und der Eimer sauste in den Brunnen hinab und prallte auf den Schädel des Riesen, der mit dem Kopf eben über Wasser in dem Brunnen saß.

«Donnerwetter!» sagte der Riese. «Das hast du geschickt angefangen. Aber morgen erwischst du mich nicht wieder!» Der Fuchs hatte sich schon wieder zusammengerollt und schlief, als der Knappe zu ihm kam. So wickelte er sich in seinen Mantel und legte sich daneben. Mittags erwachte der Fuchs und fragte, wie es ausgegangen wäre.

Der Knappe erzählte, und der Fuchs sprach: «Geh noch einmal zu dem Riesen und hole etwas zu essen. Er wird schlechter Laune sein, aber deshalb brauchen wir nicht zu hungern.» Der Knappe holte wieder einen Sack voll Essen, und der Fuchs saugte das Mark noch aus den letzten Knöchelchen.

Am anderen Morgen wachte der Knappe schon vor Sonnenaufgang auf und rüttelte den Fuchs. Mit halbgeschlossenen Augen richtete der sich auf und gähnte: «Nimm einen Stein und wirf ihn dieser elenden Elster an den Kopf, die dort auf dem Baum sitzt und schwatzt. Das zerreißt mir die Ohren, so kann ich nicht nachdenken.»

Der Knappe nahm einen Stein und warf ihn in die höchsten Zweige, wo die Elster saß. Mit lautem Krachen fiel der Riese herunter. Eine große Beule auf dem Kopf, lag er im hohen Gras. Er blickte verstört um sich und brummelte: «Diesmal hast du mich noch schneller gefunden als gestern, aber morgen findest du mich nicht, und dann häute ich dich!»

Als der Knappe sich umschaute, schlief der Fuchs schon

wieder, und er legte sich neben ihn. Als sie ausgeschlafen hatten, holte er Essen.

Den dritten Morgen verschliefen sie. Als sie aufwachten, stand die Sonne hoch am Himmel. Der Knappe war außer sich vor Angst, daß er den Riesen jetzt nicht finden könnte. Er wollte sofort losziehen, aber der Fuchs sagte: «Schlage zuerst den toten Baum dort zu Brennholz, die Kälte ist mir in die Knochen gefahren, und ich kann nichts unternehmen, ehe sie nicht wieder hinaus ist.»

Der Knappe nahm die Axt und schlug mit aller Kraft auf den Baum ein. Beim dritten Schlag fuhr die Axt durch das Holz und heulend und schimpfend sprang der Riese aus dem hohlen Baum hervor.

Wutentbrannt schrie er: «Das ist das dritte Mal. Aber sieh zu, daß du mir aus den Fingern bleibst! Morgen früh ziehe ich dir die Haut ab und würze dich mit Salz und Pfeffer. Wenn die Sonnenstrahlen über den Horizont steigen, komme ich.»

Der Fuchs hatte scheinbar nichts gehört, er schlief schon wieder.

Der Knappe tat in der Nacht kein Auge zu und überlegte hin und her. In der Dämmerung weckte er den Fuchs, der aber sprach: «Fang nicht so irrwitzig früh an, einen Platz zu suchen. Das brauchst du gar nicht.» Er rupfte sich hinter dem Ohr ein Haar aus: «Du brauchst keinen Schritt zu gehen. Wenn du dich hinter diesem Haar versteckst, kann der Riese von Verstecken-und-Entdecken dich nicht sehen.»

Der Knappe blieb bis Sonnenuntergang hinter dem Haar sitzen und rief dann laut, wo der Riese bleibe und ob er seine Augen in der Tasche habe. Der Riese kam und mußte gestehen, daß er diesmal geschlagen war. Aber es kämen noch zwei Tage, der Knappe wäre noch nicht mit ihm fertig.

Der Knappe legte sich hin, schlief aber nicht. Vor Tagesanbruch war er schon beim Fuchs. Dieser zog sich einen hohlen Zahn aus dem Kiefer und sagte: «Krieche in dieses Loch in dem Zahn, und der Riese von Verstecken-und-Entdecken wird nicht in deine Nähe kommen.»

Der Knappe gehorchte, und der Riese schnaubte und polterte an die zwanzig Mal vorbei, konnte ihn aber nicht finden. Als die Sonne unterging, kam er heraus und rief, wo der Riese bleibe. Der ärgerte sich und drohte, ihn am letzten Tag zu fassen.

In der letzten Nacht drehte sich der Knappe von einer Seite auf die andere und wollte wohl hundert Mal wissen, was jetzt zu tun sei.

«Ganz einfach», sagte der Fuchs. «Wenn der Riese von Verstecken-und-Entdecken nicht suchen kann, dann kann er auch nicht finden, nicht wahr? Hier hast du etwas von meinem Ohrenschmalz. Er schläft wie ein Murmeltier, weil er todmüde ist. Seine Stiefel stehen neben dem Bett. Streiche etwas Ohrenfett unter die Schuhsohlen, dann wirst du morgen keinen Kummer mit ihm haben.»

Der Knappe folgte dem Rat. Als am nächsten Morgen der Riese im Dunkeln die Stiefel angezogen hatte und die große, steile Treppe hinabgehen wollte, glitt er aus und landete mit einem solchen Schlag unten auf dem Steinboden, daß die Mauern des Schlosses Risse bekamen. Er konnte sich nicht rühren und blieb den ganzen Tag wie betäubt liegen. Dann und wann lugte der Fuchs um die Ecke, aber der Riese jammerte immerzu, daß es ihm in den Rücken gefahren sei, daß er sich nicht rühren könne.

Als die Sonne untergegangen war, ging der Knappe zu ihm, und der Riese von Verstecken-und-Entdecken mußte ihm nun erzählen, was er wissen wollte:

Die Königstochter war in der Gewalt des Riesen-ohne-Herz, der auf der anderen Seite der Berge lebte. Dieser Riese konnte nicht sterben, denn sein Herz war nicht in ihm selbst, und niemand wußte, wo er es versteckt hatte. Bisweilen holte sich der Riese-ohne-Herz ein schönes Mädchen aus der Menschenwelt, das seinen Haushalt führen sollte. Keins kam frei, das einmal in seiner Gewalt war. Alles, was ihm sonst noch in die Hände fiel, warf er in einen großen Kessel und fraß es auf.

Das war alles, was der Riese von Verstecken-und-Entdecken

von dem Riesen-ohne-Herz wußte, das weitere mußte der Knappe selbst herausfinden.

Er setzte sich wieder auf den Rücken des Fuchses, und sie überquerten die Berge. Am Abend erwachte er aus dem ersten Schlaf. Er vernahm die Stimme und das Lied der singenden Königstochter so klar wie noch nie, seit er den Hof verlassen hatte, um sie zu suchen. Nun wollte er nicht länger säumen, und Tag und Nacht zogen sie weiter.

Sie brauchten das Schloß des Riesen-ohne-Herz nicht lange zu suchen. Es lag auf dem Gipfel eines Berges, und weitumher lagen die Knochen verstreut, die der Riese ausgespuckt hatte. Der Knappe wäre am liebsten gleich hineingestürmt, aber der Fuchs hieß ihn warten, bis es ganz hell war, dann könnte er sich besser umschauen.

Sobald es tagte, hörten sie ein furchterregendes Schnauben und Röcheln, und der Riese stürmte aus seinem Schloß. Vor dem Tor hielt er an und brüllte: «Ich rieche, rieche Menschenfleisch!»

Der Fuchs drückte den Knappen rasch in ein Erdloch, warf Gestrüpp über ihn, hob das Bein und spritzte darüber. «Ich könnte schwören, daß ich eben noch Menschenfleisch gerochen habe», brummte der Riese. «Aber da ich hinkomme, rieche ich nichts als schmutzige, stinkende Füchse. Ich muß wohl falsch gerochen haben.»

Er lief mit großen Schritten davon, stieg über Bäume und Schluchten und verschwand zwischen den Bergen.

Der Knappe betrat das Schloß und fand im großen Saal die Prinzessin, die den Boden scheuern sollte. Sie weinte vor Freude, als sie den Schildknappen ihres Vaters erkannte. Sie schlang ihre Arme um seinen Hals und küßte ihn auf beide Wangen. Der Jüngling wollte sie gleich mitnehmen, aber die Prinzessin erzählte ihm, der Riese habe einen Bann auf sie gelegt. Sobald sie außerhalb der Schloßmauer wäre, würde sie in eine Schlange verwandelt und müßte alles beißen, was ihr lieb wäre. Der Bann würde gelöst, wenn der Riese stürbe.

Der Jüngling berichtete nun, was er von dem Riesen von Verstecken-und-Entdecken erfahren hatte. Sie beschlossen, daß das Mädchen versuchen sollte, dem Riesen das Geheimnis zu entlocken, wo sein Herz versteckt wäre.

Das Mädchen freute sich des Jünglings, und er war ebenso glücklich mit seiner Prinzessin. Sie vergaßen, daß die Zeit keine Pause macht. Auf einmal hörten sie schwere Schritte, und der Riese schnaubte über die Brücke. Geschwind schob das Mädchen den Jüngling unter die Bank, wo der Riese sich oft ausruhte.

Der kam in den Saal und schrie: «Was rieche ich? Wo ist er? Ich rieche Menschenfleisch!»

Das Mädchen lächelte ihm freundlich zu und sagte: «Schrei nicht so laut. Vorhin setzte sich eine Elster mit einem Knochen im Schnabel auf den Schornstein. Und als sie erschrak, ließ sie ihn ins Feuer fallen. Das wirst du riechen.»

Sie zeigte dem Riesen einen halb verbrannten Knochen, der am Rande des Feuers lag. Der Riese streckte sich auf der Bank aus und sagte: «Möglich. Bring mir mein Essen.»

Sie schleppte große Brocken Fleisch heran, und der Riese spuckte die Knochen aus dem offenen Fenster. Das Mädchen gab sich Mühe, freundlich und lieb zu sein. Sie setzte sich neben den Riesen und tätschelte seinen kleinen Finger.

«Was ist los?» fragte er.

Sie erzählte, daß sie in großer Sorge sei. Sie fürchtete, ihm könnte etwas zustoßen, und sie wolle ihn nicht mehr entbehren.

Der Riese lachte schallend: «Keine Angst, Mädchen, ich werde nicht sterben.»

«Das glaube ich», antwortete sie, «aber ich habe keine Ruhe, wenn ich nicht weiß, warum du nicht sterben kannst.»

Er erzählte, sein Herz liege irgendwo versteckt, wo es niemand finde; und solange es dort klopfe, könne er unmöglich sterben.

«Oh, ich freue mich», sagte das Mädchen. «Jetzt kann ich ruhig schlafen. Darf ich auch ein wenig auf dein Herz aufpassen? Wenn ich weiß, wo es liegt, brauche ich mich nicht zu ängstigen.»

Er gähnte und zeigte auf den Fußboden: «Da liegt es drunter. Aber jetzt will ich schlafen!»

Anderntags, als der Riese aus der Tür war, kam der Jüngling hervor. Er hatte die Worte des Riesen gehört, und sie fingen an, den ganzen Boden umzugraben. Aber wie tief sie auch suchten, das Riesenherz war nicht zu finden. Gegen Abend erkannte der Jüngling, daß der Riese sie betrogen hatte, und sie warfen den Boden recht und schlecht wieder zu, jeder konnte sehen, daß dort gegraben worden war. Da ging er in den Garten und holte eine Menge Blumen mit Wurzeln und Knollen, die pflanzten sie in die aufgeworfene Erde. Mit dem Rechen ebnete das Mädchen alles wieder ein.

Kaum kam der Riese durch die Tür, fing er auch wieder an zu schreien, daß er Menschenfleisch rieche. Er tobte so sehr, daß der Jüngling unter der Bank schier verzagen wollte.

Das Mädchen beschwichtigte ihn: «Eine Elster kam mit einem blutigen Knochen durchs Fenster geflogen. Ich habe sie verjagt, aber der Geruch ist gewiß hängen geblieben!»

Der Riese grummelte und brummelte noch, da gewahrte er plötzlich die Blumen in dem umgegrabenen Boden. Die Haare standen ihm zu Berge, und die Augen traten aus den Höhlen vor Wut.

Das Mädchen wartete nicht ab, was er sagen würde, sondern schmeichelte: «Ist es so nicht viel hübscher? Ich weiß jetzt, daß dein Herz in der kalten, dunklen Erde liegt. Und weil ich nicht auf dein Herz treten wollte, habe ich Blumen darauf gepflanzt.»

Der Riese schüttelte sich vor Lachen. «Bring mir mein Essen, du Dummkopf! Glaubst du, ich würde mein kostbares Herz in die Erde stecken, wo die Würmer es fressen könnten? Es ist warm und sicher verborgen!»

Das Mädchen brachte ihm mit kummervoller Miene sein Essen, und als er den letzten Bissen verschluckt hatte, sagte es: «Nun bin ich wieder Tag und Nacht in Sorge. Ich werde kein Auge zutun. Könnte ich nur den Ort anschauen, wo dein Herz liegt, so wäre ich schon beruhigt.»

Der Riese schüttelte den Kopf und zeigte auf eine schwere

Eichentür in der Mauer. «So schau auf diese Schranktür, denn dahinter liegt es.» Dann drehte er sich um und fing an zu schnarchen.

Sobald der Riese am nächsten Tag aus dem Haus war, kroch der Jüngling hervor und machte sich über die Tür her. Aber wie er auch zog und zerrte, sie ließ sich nicht bewegen. Zuletzt nahm er eine Axt und schlug die Tür aus den Angeln. Da sahen sie einen tiefen Schrank, aber es war keine tote Spinne darin, viel weniger das lebendige Herz eines Riesen.

«Er hat uns wieder irregeführt», sagte der Jüngling. «Aber er darf nicht merken, daß der Schrank offen ist, sonst tobt er noch lauter als gestern.»

Er holte aus dem Garten Arme voll Zweige und Blumen und behängte und schmückte damit die ganze Tür.

Der Riese kam in der Dämmerung und fing schon draußen an zu schnaufen und zu schimpfen, daß er Menschenfleisch rieche.

Sanft und blaß lächelte das Mädchen ihn an und sagte: «Das ist möglich. Dieselbe Elster von gestern flog einfach herein und wollte ein Stück Fleisch stehlen. Schnabel und Krallen waren blutig, vielleicht von einem Menschen. Das riecht noch lange.»

Der Riese legte sich auf die Bank, und das Mädchen wollte eben das Essen heranschleppen, als sein Auge auf den Schrank fiel.

Sie merkte es und fragte: «So ist es doch viel schöner? Jetzt weiß ich, daß dein Herz in dem Schrank liegt, deshalb habe ich meine schönsten Blumen davorgehängt. Ich war glücklich dabei.»

Der Riese lachte, daß sein dicker Bauch wackelte, und rief: «Du Simpel! Glaubst du wirklich, daß ich mein kostbares Herz in einen finsteren, muffigen Schrank stecken würde? Gebrauch doch deinen Verstand!»

Er hieb auf das Essen ein und spuckte die Knochen wieder aus dem Fenster.

Das Mädchen weinte leise vor sich hin, es hatte die Hände vor das Gesicht geschlagen. Der Riese schaute von Zeit zu Zeit zu ihr hinüber und bekam Mitleid.

«Eigentlich hast du Recht», sagte er. «Du sitzt hier nur herum und kommst doch nie wieder hinaus. Warum sollte ich es dir nicht erzählen, wenn es dir Freude macht. Mein Herz steckt in einem Hasen und der Hase lebt mit hundert anderen Hasen zusammen im Hasenland in den Hasenbergen.»

«Ich freue mich, daß ich es jetzt weiß», sagte das Mädchen. «Aber wenn nun ein großer Vogel oder ein Fuchs kommt und den Hasen totbeißt, dann mußt du doch sterben?» Sie schluchzte laut auf.

«Beruhige dich. Dann ist noch nichts verloren. In dem Hasen ist ein Vogel, der auffliegt, wenn der Hase stirbt.»

«Wenn nun aber ein Falke den Vogel greift, dann müßtest du trotzdem sterben.» Und sie weinte immer heftiger und verzweifelter.

«Nein, nein! In dem Vogel ist ein Ei, und wenn der Vogel gepackt wird, läßt er das Ei fallen. In dem Ei ist mein Herz. Ich kann nur sterben, wenn das Ei mit meinem Herzen an meiner Stirn zerschellt. Du siehst, ich sterbe noch lange nicht.»

«Stimmt das alles?» fragte sie, und der Riese antwortete: «Ich will es dir beweisen. Hier ist ein Haar von dem Hasen, der mein Herz trägt.» Er gab ihr das Hasenhaar und schlief ein.

Als der Riese anderntags ausgegangen war, hockten die beiden niedergeschlagen zusammen. Wie würden sie jemals einen Hasen aus hundert anderen Hasen herausfinden und dann noch alles weitere bewältigen?

Da knarrte die Tür, und der Fuchs kam herein. Er schaute den Jüngling und die Prinzessin an und wollte wissen, weshalb sie so auf dem letzten Loch pfiffen?

Der Jüngling antwortete: «Wir glaubten, daß wir um ein Haar alles wüßten, aber wir wissen noch nichts.»

«Hätte ich nur gerade dieses Haar! Wenn ich einmal die Witterung von einem Haar habe, dann finde ich auch das Tier, dem es ausgezogen wurde», sagte der Fuchs.

Das Mädchen sprang auf und rief: «Aber ich habe ja ein Haar von dem Hasen, der das Herz des Riesen trägt. Er hat es mir selbst gegeben!»

Sie reichte es dem Fuchs, der schloß die Augen und atmete tief und lange ein. Dann lief er zum Fenster und steckte die Schnauze hinaus. Plötzlich tat er einen Satz und rief: «Ich habe ihn!»

Er rannte zum Jüngling und bat ihn, sich auf seinen Rücken zu setzen. Ehe der Wind drehte, müßten sie unterwegs sein, sonst würde er die Fährte des Hasen verlieren. Der Jüngling küßte die Prinzessin und sprang auf den Rücken des Fuchses. Der rannte über Berge und durch Schluchten, durch finstere Wälder und über kahle Heideflächen.

Endlich gelangten sie zu einer weiten Sandebene, wo hundert Hasen durcheinandersprangen. «Hier ist er dabei», sagte der Fuchs, «du mußt ihn fangen.»

«Vielleicht würde es mir gelingen, wenn ich in deiner Haut steckte. Ich wüßte nicht, welchen ich fangen sollte.»

«Hast du vergessen, was ich dir versprach, als du das Licht in den Augen meines Kindes brennen ließest?»

Der Knappe wollte etwas erwidern, doch da spürte er, wie das Fell des Fuchses über seine Schultern glitt. Seine Ohren stellten sich hoch, und schon roch er den Hasen, dem das Haar ausgerupft worden war. Er jagte ihm nach. Der Hase rannte und schlug Haken nach allen Richtungen, aber er konnte dem Fuchs nicht mehr entkommen. Der schlug die Zähne in sein Genick und biß ihn tot.

Augenblicklich erhob sich aus dem Hasen ein blauer Falke und schoß wie ein Pfeil in die Luft. In Gedankenschnelle war er über den Bergen verschwunden. Der Knappe erinnerte sich an den Feuervogel und rief: «Feuervogel, leih mir deine Gestalt und deine Kraft, um den Falken zu fangen!»

Da wuchsen Flügel aus seinen Schultern, und als er aufstieg, stoben Funken nach allen Seiten. Er flog über den Wolken, und schon bald entdeckten seine scharfen Augen den Falken als kleinen Punkt, der das Schloß des Riesen fast erreicht hatte. Wie eine Flamme schoß er hinunter und packte den Falken mit seinen Krallen dicht über dem Wasser eines brausenden Flusses. Ehe er gewürgt wurde, ließ der Falke das Ei in das tosende, schwarze Wasser fallen, und der Strom riß es sofort in die Tiefe.

Einen Augenblick nur verzagte der Knappe, dann rief er: «Leuchtfisch, halte dein Versprechen und leih mir deine Gestalt und deine Kraft!»

Die Flügel fielen in die Fluten, und an ihrer Statt wuchsen ihm Flossen und Schuppen, und ein großer, hellstrahlender Fisch tauchte in das dunkle Wasser. Er leuchtete so sehr, daß es am Boden taghell wurde. Als er einen Lichtstrahl durch das Wasser sandte, gewahrte er das Ei am Rand eines unauslotbar tiefen Abgrundes. Er gab seine letzte Kraft, und eben als das Ei über den Rand gespült wurde, schloß er sein Maul darüber und trug es nach oben.

Der Riese war heimgekommen. Er war außer sich. Er lief von einem Saal in den anderen und drückte die Hand auf die Stelle, wo sein Herz sein sollte. Er schrie und schalt die Prinzessin, sie hätte verraten, wo sein Herz versteckt wäre. Dann packte er sie und wollte sie an der Mauer zerschmettern.

In dem Augenblick kam der Jüngling über die Brücke und sah, was der Riese im Sinn hatte. Er legte das Ei in seine Schleuder und schoß: Es zerschellte genau zwischen den Augen des Riesen. Er fiel tot zur Erde, und die Prinzessin war frei.

Als der Knappe sie nach Hause brachte, bekam er sie zur Gemahlin und das halbe Königreich dazu. Die Prinzessin sang und musizierte schöner denn je, und alle waren glücklich.

Das Lied der Woche

Auf der Heide lebte einmal ein Mann in einer Plaggenhütte ganz allein. Er war verwachsen auf die Welt gekommen, deshalb mißtrauten ihm die Leute. Sie sagten, er sei ein Gezeichneter, und vor solchen müsse man sich in acht nehmen. Deshalb zeigten sie ihm die kalte Schulter.

Weil er immer allein war und den schweren Höcker auf seinem Rücken schleppen mußte, war er zuletzt verbittert und glaubte weder an Gott noch an die Menschen.

Als er eines Abends nach Hause ging, traf er auf der Heide eine Frau mit einem Scherenschleiferkarren. Sie hatte sich die Füße wund gelaufen, und man sah, daß sie hochschwanger war. Ohne ein Wort führte er sie in sein Haus und bereitete ihr ein Lager, auf das sie sich legen konnte. Das wenige Essen, das er im Haus hatte, teilte er mit ihr.

In der Nacht kam die Frau nieder, und sie bat ihn, dafür zu sorgen, daß das Kind getauft würde. Aber damit wollte er nichts zu schaffen haben. Er weigerte sich, einen Pfarrer oder sonst jemanden zu holen, der das Kind taufen könnte.

Noch in derselben Nacht starben beide, die Frau und das Kind, und am anderen Morgen ging er mit dem Spaten über Land. Er hob auf der Heide eine Grube aus und legte die Frau und das Kind hinein. Dann kehrte er nach Hause zurück.

Eine Zeitlang lebte er so weiter, aber immer wieder erschien des Nachts die Frau an seinem Bett und bat ihn, das Neugeborene taufen zu lassen.

Nach und nach fing er an, sein Versäumnis zu bereuen. Er sah wohl ein, daß er das Kind dazu verurteilt hatte, ungetauft begraben zu werden, obwohl die Frau es anders gewünscht hatte.

Wenn er abends in seiner Hütte war, ging er bisweilen hinters Haus, und dann trieb es ihn immer zu der Stelle, wo die Frau und das Kind begraben lagen. Es drängte ihn, das Kind herauszuholen, es zum Pfarrer zu bringen, damit dieser es doch noch taufen sollte.

Eines Abends konnte er es nicht länger ertragen. Er holte den Spaten aus dem Schuppen und lief über die Heide. Als er sich aber der Stelle näherte, wo die beiden lagen, gewahrte er eine Menge seltsamer, schattenhafter Gestalten, die im Kreise herumtanzten. Er hörte, wie sie ein Lied sangen. Das Lied handelte von den Wochentagen in endlosen Wiederholungen. Aber es endete jedesmal am Freitag, als wüßten sie nicht weiter. Je näher sie dem Ende der Woche kamen, desto spärlicher klangen die Stimmen. Nach jedem Tag, den sie genannt hatten, schwiegen einige. Aus jeder Strophe aber klang Kummer und Verzweiflung.

Er trat näher und blieb horchend stehen. Als das Lied wieder stockte, fing er an, mit den Schatten zu reden. Er fragte: «Sagt mir doch, was das zu bedeuten hat?»

Da erzählten sie ihm, sie wären die Seelen jener Kinder, die binnen einer Woche nach der Geburt gestorben, aber nicht getauft worden seien. Nun hätten sie keinen Einlaß in den Himmel, denn sie müßten zuerst die Woche bis zum Ruhetag des Herrn vollenden. Deshalb sängen sie das Lied von allen Tagen, die sie gelebt hätten. Es war eine Melodie voller Sehnsucht, die Erde verlassen zu dürfen und erlöst zu werden. Aber sie konnten das Ende des Liedes nie erdichten.

Er setzte sich zu ihnen und dachte: Das sind alles Seelen von ungetauften Kindern, die hier umgehen und die nicht frei sind, die Erde zu verlassen. Unter ihnen ist das Kind, das in meinem Haus gestorben ist. Ich muß versuchen, ihnen zu helfen.
Er dachte eine Weile nach, und dann dichtete er selbst die letzten zwei Verse zu dem Lied, und die lehrte er sie. Sogleich fingen sie an, zusammen zu singen:

Freitag, Samstag, Sonntag dazu,
in dem Himmel finden wir Ruh'.

Aber dann sangen sie noch weiter, und diese Zeilen hatte er sie nicht gelehrt:

Gott hat die Sünden dir vergeben,
gesund mag Leib und Seele leben.

Als er das hörte, sagte er: «Schön ist, was ihr sagt. Aber was soll ich im Himmel? Dort kann ich doch nicht mit meinem Buckel erscheinen – ich kann nicht einmal aufrecht vor Gottes Thron stehen.»

Die Schemen antworteten: «Wir werden dich höher tragen, als du jemals gewesen bist!»

Sie packten ihn und warfen ihn hoch in die Luft, höher als er je gewesen war. Als er wieder zur Erde fiel, war der Höcker weg, und er stand aufrecht da.

Die Schemen sagten: «So kannst du wohl vor Gottes Thron erscheinen.» Dann schenkten sie ihm aus Dankbarkeit noch einen Sack voll Gold.

Er ging zurück über die Heide zu seiner Kate und überlegte bei sich: Meine Sünden sind mir vergeben, und das alles danke ich der Frau und dem Kind, die ich hier aufgenommen hatte. Soll nun in dieser elenden Plaggenhütte ihr Andenken bewahrt bleiben? – Ich brauche ein neues Haus.

Er ging mit seinem Sack voll Gold ins Dorf.

Dort wohnte ein Schreiner, ein abgefeimter, durchtriebener Kerl. Zu ihm sagte er: «Du sollst mir ein Haus bauen, auf der Heide, dort, wo jetzt meine Kate steht, und das soll ein hübsches, geräumiges Haus werden mit einer gesonderten Kammer darin.»

«Ja», sagte der Schreiner. «Das sagst du so. Aber wer bezahlt das?»

Er sagte: «Ich bezahle selber.» Und er stellte den Sack mit Gold auf den Tisch.

Der Schreiner riß die Augen auf, als er das Gold sah, und rief aus: «Wie kommst du zu dem Gold? Du hast es gestohlen – du hast jemanden umgebracht!»

«Nein, ich habe es ehrlich erworben. Es ist mein Gold, und es soll ein Haus dafür gebaut werden.»

Aber der Schreiner nahm den Sack vom Tisch, stellte sich hinter seinen Stuhl und sagte: «Hör gut zu! Ich hole den Büttel, wenn du mir nicht sagst, wie du dazu gekommen bist. Ich behaupte, daß du jemanden umgebracht und das Geld gestohlen hättest, und dann wirst du gehenkt!»

Da mußte der Mann wohl berichten, wie er es bekommen hatte. Aber der Schreiner tat, als glaubte er ihm nicht: «Du kannst mir noch mehr Lügen erzählen. Das muß ich erst selbst prüfen.»

In der Nacht ging der Schreiner zu der Stelle, wo der andere in der vergangenen Nacht gewesen war. Und wirklich, die Seelen waren noch dort.

Der Schreiner setzte sich zu ihnen, wie es der andere getan hatte, und sagte: «Nun hört einmal zu! Gestern ist einer bei euch gewesen, und dem habt ihr einen Sack voll Gold geschenkt. Das war einer mit einem Buckel auf dem Rücken, und er ist aufrecht und grade wiedergekommen. Aber das war ein schlimmer Betrüger, denn was er euch gelehrt hat, die zwei letzten Zeilen zu dem Lied, die stammen nicht von ihm. Ich habe sie gedichtet, aber er ist damit schnell zu euch gegangen. Er hat kein Recht auf das Gold, und ich will auch einen Sack voll Gold haben.»

Da sagten sie zu ihm: «Wenn du Recht hast und der andere Mann Unrecht, dann sollst du das gleiche erhalten, was er gehabt hat.» Und dann packten sie ihn und warfen ihn hoch, hoch in die Luft.

Als er aber herunterkam und wieder auf den Füßen stand, da spürte er, wie nun er einen Höcker auf dem Rücken trug. Er ging über die Heide nach Hause. Aber dort, wo sein Haus hätte stehen sollen, fand er statt dessen eine alte Plaggenhütte. Und als er sich über die Heide umsah nach der Stelle, wo die Kate des Buckligen gewesen war, so stand dort ein stattliches, neues Haus.

Drei goldene und drei schwarze Federn

Einem reichen Gutsbesitzer, der so viel Land hatte, daß es wohl drei Gemeinden umfassen konnte, wurde eine Tochter geboren.

Zur Taufe erschien eine alte Frau, das war eine Wahrsagerin. Sie wurde gebeten, den Lebenslauf des Kindes vorherzusagen. Nun ja, es würde gut aufwachsen und ein schönes Mädchen werden. Dann aber würde es einen armen Jungen heiraten, der zur gleichen Zeit wie es auf die Welt gekommen sei und dessen Eltern sie nicht kannten.

Das gefiel dem Gutsherrn ganz und gar nicht. Er war ein Geizkragen, und Geld sollte Geld heiraten oder Land Land. Er glaubte der Weissagung so sehr, daß er überall nach einem solchen Neugeborenen forschen ließ. So erfuhr er, daß um die gleiche Stunde weit weg von ihnen bei einem armen Tagelöhner ein Söhnlein geboren worden war. Das müßte er sein.

Der Gutsherr sann und grübelte. Seine Frau warnte ihn: «Ach du, zerbrich dir doch nicht den Kopf darüber. Das hat noch Zeit!»

Aber es half nichts, er kam nicht zur Ruhe. Er verachtete die niederen Stände und wollte den Familienbesitz sichern. Er hatte auch herausgefunden, daß der kleine Junge das zwölfte Kind in der Familie war. Armut war dort Trumpf.

Er fuhr zu den Eltern und spielte sich gewaltig auf, schilderte, wie er sich immer schon vergeblich einen Sohn gewünscht habe. Ob sie den Kleinen nicht hergeben wollten?

Zuerst wollten die Eltern nichts davon wissen. Aber er bot schweres Geld, und schließlich sagten sie: «Zum Kuckuck noch mal! Der Junge wird es bei einem so reichen Mann doch besser haben als bei uns. Und das Geld kommt den anderen Kindern zugute. Wir geben ihn her.»

Der Gutsherr hatte beschlossen, das Kind ins Wasser zu werfen. Als es aber so weit war, wagte er es nicht zu tun, aus Angst um sein Seelenheil. Was sollte er mit dem Kind anfangen? Er fuhr weiter und kam zu einer Mühle. «Wenn ich es hier aussetze», dachte er, «hier ganz nah bei der Mühle, dann findet es sicher jemand, und ich bin es los. Niemand erfährt je, woher es stammt, wie sollte es denn mein Schwiegersohn werden?» Es war inzwischen Abend geworden, und er legte das Kind hin, fuhr ins nächste Dorf und suchte eine Bleibe für die Nacht.

Früh am anderen Morgen setzte der Müller die Mühle in Betrieb. Er fand den Kleinen und nahm ihn mit nach Hause. Seine Frau freute sich, denn sie hatten keine Kinder. Wohl blieb der Gutsherr noch einige Tage in der Gegend und redete mit diesem und jenem, immer in der Hoffnung, er könne etwas über den Findling erfahren. Aber er hörte nichts, ja doch, der Müller und seine Frau hätten einen Sohn bekommen. Die Mühle lag weit außerhalb, im Dorf wußten sie nichts genaueres. Die Müllersleute gaben das Kind für ihr eigenes aus, und so wurde es auch getauft. Mehr erfuhr der Gutsherr nicht.

Der Junge wuchs auf der Mühle zu einem hübschen Knaben heran. Er hatte einen klugen Kopf, und sie ließen ihn für die damalige Zeit viel lernen.

Der Gutsherr dachte nicht mehr an das Kind, das er ausgesetzt hatte. Erst als seine Tochter so alt war, daß sie Gefallen an den Burschen fand, fiel es ihm wieder ein. Nun hatte er keine Ruhe, bis er erkundet hatte, daß der Müllerssohn ein Findling war. Jetzt weiß ich genug, dachte er.

Wie zufällig kam er einmal dorthin, traf auch den Jungen. Er kam mit ihm ins Gespräch, und nicht lange, da sagte er: «Also Junge, du bist genau der Mann, den ich brauche! Ich habe so viel zu beaufsichtigen, mein Verwalter meistert das gar nicht mehr. Du solltest in meinen Dienst kommen, dann kannst du es noch weit bringen.»

Der Junge selbst wollte zunächst nichts davon wissen, aber der Müller redete ihm gut zu: «Tu es nur. Diese Mühle gehört nicht mir, und es ist nicht sicher, daß du mein Nachfolger sein wirst. Jetzt hast du ein Angebot. Vielleicht hast du dort noch bessere Aussichten.»

Der Gutsherr bot einen hohen Lohn, und sie wurden einig. «Du brauchst in deiner neuen Stellung bessere und teurere Kleidung», sagte der Gutsherr. Aber die wollte der Müller nicht aufbringen. Da gab der Gutsherr dem Jungen eine hübsche Summe Geld, dafür ließ er sich sofort neue Kleider anfertigen. Sobald die fertig waren, sollte er sich auf den Weg nach dem Gut seines Herrn machen. Er selber müsse verreisen, aber er wolle einen Brief an seine Frau schreiben und dem Jungen mitgeben. Er solle ihn nur gleich zu Hause abgeben. Dann zogen sie weg, ein jeder in eine andere Richtung.

Der Junge konnte das Gut nicht in einem Tag erreichen. Abends geriet er in eine einsame, waldige Gegend. Dort wurde er von Räubern überfallen, die meinten, jemand, der so fein gekleidet sei, werde wohl auch einen Batzen Geld bei sich tragen!

Aber da täuschten sie sich sehr. Der Hauptmann fand nur den Brief, den der Gutsherr an seine Frau mitgegeben hatte. Der Brief war auf Latein geschrieben, damit der Junge ihn nicht lesen konnte, aber der Hauptmann war von guter Abkunft und hatte die Lateinschule besucht. Er las den Brief und war empört: «So viel ich schon erlebt habe, eine solche Gemeinheit ist mir noch nicht vorgekommen!»

In dem Brief stand, daß die Frau den Überbringer freundlich empfangen und gut bewirten solle. Sie müsse aber so viel Gift ins Essen mischen, daß er am nächsten Tag tot wäre. Denn dies wäre der Junge, der nach den Worten der Wahrsagerin ihre Tochter heiraten würde.

«Der Schurke!» sagte der Räuberhauptmann. «Uns jagt er immer, nachdem er uns erst so ausgebeutet hat, daß wir aus Not wohl zu Räubern werden mußten. Aber jetzt werde ich ihm einen Streich spielen.»

Dem Jungen sagte der Hauptmann nichts. Er fälschte die Handschrift des Gutsherrn und schrieb, die Frau möge Sorge tragen, daß der Überbringer sogleich mit ihrer Tochter vermählt werde. Sie solle keine Zeit verlieren, denn der arme Schlucker, der nach der Wahrsagung das Mädchen heiraten würde, sei auch schon unterwegs. Wenn er sie verheiratet fände, fische er hinterm Netz. Dieser Junge besitze Geld wie Heu, er sei genau der Schwiegersohn, den sie brauchten.

Der Hauptmann sorgte dafür, daß dem Jungen kein Haar gekrümmt wurde. Er horchte ihn noch ein wenig aus und sagte dann: «Hier hast du den Brief wieder. Geh nur schnell weiter.»

Der Junge wußte nicht, daß er einen anderen Brief mit sich trug, als der Gutsherr ihm gegeben hatte.

Vortrefflich wurde der Junge empfangen. Der Tochter gefiel er sogleich. Sie hatte gar nichts dagegen, ihn auf der Stelle zu heiraten. Noch am selben Abend ordneten sie alles mit dem Pastor an, und am anderen Tag wurden sie in der Kirche getraut.

Der Gutsherr blieb einige Wochen auf Reisen. Nicht, daß er so viel Geschäfte gehabt hätte, wenn er sie auch als Vorwand benützte, nein, er dachte: Wenn sie entdecken, daß der Junge vergiftet wurde, dann bin ich lieber weit vom Schuß, mag meine Frau das ausbaden.

Aber nach einiger Zeit kehrte er doch heim und fiel aus allen Wolken. Er schalt seine Frau mit bitterbösen Worten, daß sie so töricht gewesen wäre, ihre Tochter den armen Schlucker heiraten zu lassen. Die Frau antwortete nicht viel, sie kannte ihn.

«Schau selber», sagte sie. «Da ist dein Brief. Was willst du denn?»

«Den habe ich nicht geschrieben», rief er aus.

«Es ist aber doch deine Handschrift.»

«Sie ähnelt meiner, aber sie ist es nicht. Wie ist er zu dem Brief gekommen?» fragte er.

«Wie soll ich das wissen? Er hat nur erzählt, daß er unterwegs von Räubern überfallen wurde. Die hätten ihm den Brief weggenommen, später aber wiedergegeben, als sie ihn laufen ließen. Mehr weiß ich nicht.»

«Blitz und Hagel!» schimpfte er. «Dann haben die mir die Sache vermiest. Aber ich werde sie schon kriegen.»

Er wollte seinen Schwiegersohn davonjagen. Aber nun geriet er mit seiner Tochter aneinander – sie wollte ihren Mann nicht mehr missen. Der Gutsherr saß schwer in der Patsche. Er erfand alle möglichen gefährlichen Arbeiten für den Jungen, damit er nur verunglücken sollte. Aber die Tochter warnte ihren Mann: «Achte hierauf! Achte darauf!» Dann war er sehr vorsichtig und brachte alles wohl zustande.

Das war schon eine ganze Weile so gegangen, und er war immer noch da. Die Alten zankten sich darüber. Wenn ihre Tochter den jungen Mann nun doch liebte, überlegte die Frau, warum ginge das denn nicht? Sie wären doch reich genug? Aber es war dem Gutsherrn nicht auszureden, das Geld saß ihm zu hoch.

Eines Nachts träumte der Gutsherr, irgendwo im hohen Norden stünde ein steiler Berg, und auf dem Berg hauste ein Riesenvogel, ein gewaltig großer Adler. Das war ein seltsames, ein gräßliches Ungeheuer, der Schrecken der ganzen Umgebung. Oft fing er Menschen und fraß sie auf. Er hatte goldene Federn und Federn so schwarz wie Ebenholz. Das alles sah er im Traum.

Am anderen Morgen sagte er zu seinem Schwiegersohn: «Junge, mache dich auf, suche den Weg nach Norden und hole mir drei goldene Federn aus dem Schwanz des großen Adlers.»

Der Junge wußte nicht, daß der Adler so gefährlich war, aber der jungen Frau gefiel das gar nicht.

«Was hast du dir jetzt wieder ausgedacht», sagte sie zu ihrem Vater. Ja, er habe sich nun einmal in den Kopf gesetzt, daß er gerne drei goldene Federn hätte.

«Aber das kann ihn Kopf und Kragen kosten!»

«So schlimm ist es nicht», sagte der Vater, aber er wußte es besser.

«Ich habe es satt, hier alle Tage für ihn zu werkeln», sagte der Junge. «Laß mich in die Welt ziehen.» Die Tochter widerstrebte heftig, aber sie konnte ihn nicht halten. So lange er weg war, lebte sie in großer Sorge, ob er je wiederkommen würde. Mit ihrem Vater sprach sie kein Wort, ohne zu streiten.

Nach langen Wegen, mit Suchen und Fragen gelangte der Junge endlich zu dem Berg, auf dem der Vogel hauste. Oben sah er ein kleines Schloß liegen. Den Berg zu erklettern, würde ein schweres Stück Arbeit bedeuten – ob er es wagen sollte? Er zögerte, dann aber faßte er sich ein Herz und fing an zu klettern, und schließlich kam er oben an. Das Schlößchen war kaum mehr als eine Ruine, das sah er wohl, als er es erreicht hatte.

Vor dem Eingang begegnete er einem Mädchen. «Junge, was suchst du hier», sagte sie. «Hier ist es lebensgefährlich!»

«Warum?»

«Hier haust der räuberische Greifvogel. Er frißt alles, was er findet. Vor allem auf Menschen hat er es abgesehen.»

Er erzählte ihr von seinem Auftrag.

«Das gelingt dir nie», sagte sie. «Mit seinem scharfen Geruchssinn wittert er dich schon von weitem.»

«Ich möchte dennoch nicht feige sein.»

Das Mädchen erzählte, wie in weitem Umkreis kein Mensch vor ihm sicher wäre. Sie selber hätte heiraten wollen, da wäre wenige Tage vor der Hochzeit der Adler abends vorbeigeflogen und hätte sie geraubt. Er wollte sie zerreißen und zerfleischen, da fiel ihm ein, welch schlampige Unordnung hier im Schloß herrschte. Nun fristete sie ihr Leben und müßte sauber machen und Essen kochen. Sie würde nie versuchen, den Berg hinabzusteigen, der Vogel fände sie gleich wieder.

Kaum hatte sie zu Ende erzählt, da sagte sie: «Du bist gerade richtig gekommen, er kann jeden Augenblick zurückkehren. Schnell, geh ins Haus, ehe er dich sieht.»

Sie versteckte ihn im Keller. «Ich komme wieder», sagte sie. Der Adler schwebte mit rauschendem Flügelschlag heran. Das Mädchen drehte ein halbes Rind am Bratspieß, briet das Fleisch noch schärfer und bestreute es mit starken Gewürzen, damit er den Jungen nur nicht riechen sollte.

Der Adler fiel über das Essen her, riß das Fleisch von den Knochen. Er merkte das Schlafmittel nicht, welches das Mädchen unter die Kräuter gemischt hatte, und aß es mit. Nicht lange, da schnarchte er schon wie eine Säge.

Das Mädchen holte den Jungen aus dem Keller. «Jetzt ist unsere goldene Stunde», sagte sie. «Wir müssen sehen, daß wir fortkommen. Allein wage ich es nicht, den Berg hinunterzuklettern, zusammen mit dir aber wohl. Mein Amt hier stelle ich gerne zur Verfügung. Aber zuvor will ich ihm die Federn aus dem Schwanz ziehen, er spürt nichts. Sie zog drei goldene Federn heraus, und gleichzeitig rupfte sie ihm drei schwarze Federn aus.

«Wir sollten aber auch einige Goldstücke mitnehmen», sagte sie. «Wenn die Menschen, die er zerrissen hat, Gold bei sich trugen, dann warf er es in eine Truhe. Er scheint zu verstehen, daß man damit etwas ausrichten kann.» Sie suchten einige Leinensäcke zusammen, dort hinein steckten sie alles Geld, und dann stiegen sie den Berg hinab.

Es dunkelte schon, aber sie gelangten ohne Schaden unten an. In der nächsten Ortschaft suchten sie sich eine Unterkunft für die Nacht. Am anderen Morgen trennten sie sich, jeder ging in eine andere Richtung. Zwar kannte das Mädchen den Weg nicht, denn sie war durch die Luft entführt worden, aber den konnte der Junge ihr zeigen, er hatte sich vorher überall genau umgesehen. Sie teilten das Geld und nahmen Abschied voneinander.

Der Adler schlief die ganze Nacht und noch ein Loch in den Tag. Als er dann das Mädchen vermißte, waren die beiden schon weit weg aus seinem Reich. Er flog umher, suchte den Berg ab, fand sie nicht. Zurückgekommen vermißte er das Geld, und als er seine Federn glättete, merkte er, daß ihm sechs fehlten. Er raste und tobte vor Wut, aber was half's?

Als die junge Frau ihren Mann zurückkommen sah, war sie außer sich vor Freude. Was mochte er wohl in dem Sack auf seinem Rücken schleppen? Der Sack war schwer von Gold.

Nur der Gutsherr war über die Rückkehr enttäuscht, aber er konnte doch nicht lassen, bei den jungen Leuten vorbeizuschauen.

Ach, so leutselig gab er sich. Aber die Tochter sagte nichts.

«Was hast du in dem Sack?» wollte er wissen.

«Da, schaut nur!»

Das Wasser lief ihm im Mund zusammen. «Und wo hast du das her?»

«Das war so», erzählte der Junge. «Ich komme da auf den Berg, und der Vogel war so liebenswürdig zu mir, wirklich erstaunlich. Ich bin ein paar Tage bei ihm geblieben. Er wollte mich kaum gehen lassen. Er freute sich, daß er etwas Ansprache hatte, er redete wie ein Buch, der Vogel. Als ich gehen wollte, sagte er: ‹Also, mein Junge, hier hast du einen Sack mit Gold; und wenn er leer ist oder wenn du sonst in der Klemme sitzt, dann komm ruhig wieder. Ich habe noch viel mehr. Was soll ich mit dem Geld anfangen? Es steht nur in meinem Schloß herum.›» Der Gutsherr sagte nichts und ging bald darauf weg.

Als sie zu zweit waren, sagte die junge Frau: «Jetzt mußt du mir erzählen, was wirklich geschehen ist, du hast meinem Vater doch nur etwas auf die Nase gebunden.»

Er erzählte ihr die ganze Geschichte, dazu hatten sie noch gar keine Gelegenheit gehabt.

Sie sagte: «Wir müssen das Gold gut verstecken. Hast du gesehen, wie Vater danach schielte? Es ist schlimm mit ihm, Mutter hat was mit ihm auszustehen! Ich wette, daß er morgen in aller Frühe wiederkommt, er macht heute nacht kein Auge zu.» Gut geraten. Kaum war der Gutsherr über die Schwelle, da schalt ihm seine Tochter die Ohren voll, daß er ihren Mann eine so gefährliche Reise hatte machen lassen. Aber das berührte ihn nicht. Er wollte nur hören, daß der Vogel so freundlich gewesen wäre, er wollte herausfinden, wieviel Gold der Vogel noch hätte.

«Oh, Kisten und Kasten voll!» sagte der Junge. Dann wollte er wissen, wie man auf den Berg käme, und der Junge erklärte ihm alles haargenau.

«Gebt acht, daß ihr auch ein Zeichen tragt, woran euch der Vogel erkennen kann.»

«Er kennt mich aber nicht.»

«Nein, aber mich», antwortete der Junge. «Und er hat mir diese drei schwarzen Federn mitgegeben. Wenn ich einmal wiederkomme, soll ich sie an meinen Hut stecken. Aber erst, wenn ich in seine Nähe komme, sonst könnte ich sie noch verlieren. Freilich kann auch ein Vertrauter die Reise für mich unternehmen.»

«Aha», sagte der Schwiegervater, sonst nichts. Aber als der Junge am anderen Morgen aufwachte, waren die drei Federn gestohlen – er hatte sie nicht versteckt –, und sein Schwiegervater war fort.

Der Gutsherr reiste selbstverständlich nach Norden, er kannte ja den Weg, den der Junge ihm gezeigt hatte. Der Adler war schon da, als er sein Ziel erreichte. Der Vogel sah ihn den Berg hinanklettern. «Alle Wetter!» dachte er. «Der kennt hier den Weg. Donner, das ist der Kerl, der mir das Gold und die Federn gestohlen hat! Er trägt die drei schwarzen Federn am Hut!» Der Adler trat zur Seite, und als der Mann durch das Tor gehen wollte, packte er ihn und flog mit ihm hoch, hoch in die Luft. Dort ließ er ihn los. Der Mann zerschmetterte an den Felsen, mausetot.

«So», sagte der Adler. «Den bin ich los.»

Zu Hause hatte der Gutsherr nichts verlauten lassen, auch seiner Frau hatte er nichts gesagt, aber sie konnten sich wohl denken, wo er hingegangen war. Nach einiger Zeit wurde seine Leiche im Gebirge gefunden. Der Adler hatte sich nicht die Mühe gemacht, seine Knochen abzunagen. Man hatte ihn schon begraben, als sie die Nachricht erhielten. Aus seinen Papieren hatte man gelesen, woher er stammte.

Es wurde nicht sehr um ihn getrauert. Seit der Zeit hat der Adler das Mädchen nicht mehr gesucht, um sich zu rächen. Er meinte, der Kerl habe ihn hintergangen, und der hatte seinen verdienten Lohn bekommen.

Ob der Adler dort noch haust, weiß ich nicht. Und wenn er da oben sitzt, dann kann ich euch den Berg nicht zeigen, denn niemand hat mir erzählt, wo er liegt.

Die starke Prinzessin

Ein König kehrte von einem Feldzug aus fernen Ländern in seine Heimat zurück. Nicht weit von seinem Schlosse durchschwamm er mit seinem Pferd einen reißenden Strom. Da sah er, wie nahe bei einem Wasserfall ein großer Fisch einen kleinen Knaben ins Wasser zog. Ohne zu zögern, ließ der König sein Pferd los und tauchte dem Fisch nach. Eben wollte der Fisch in eine Höhle hineinschwimmen, da packte ihn der König beim Schwanze. Der Fisch ließ den Jungen los, der König schwamm mit ihm ans Ufer und wickelte das weinende Kind in seinen triefenden Mantel.

So schnell das Pferd nur laufen wollte, jagte er durch den Wald zu seinem Schlosse. Auf dem Schloßhof aber, kaum hatte er die Zugbrücke hinter sich, berichteten ihm seine Dienstleute, er sei vor noch nicht einer Stunde Vater geworden. Überrascht hielt der König inne, waren doch er und die Königin schon so alt, daß sie darauf keine Hoffnung mehr hatten. Noch immer trug er den kleinen Jungen in seinem nassen Mantel.

Er eilte in die Kammer, wo die Königin zu Bette lag und seinen eigenen Sohn im Arm hielt. Der König küßte sie und legte das Neugeborene, das er aus dem Wasser gerettet hatte, in ihren anderen Arm.

Dann erzählte er ihr, was sich zugetragen hatte. Die Königin erwiderte mit Tränen in den Augen: «Das hat so sein sollen. Nun können sie zusammen aufwachsen und miteinander spielen.»

Wie Brüder wuchsen die beiden auf, und sie glichen einander wie zwei Tropfen Wasser. Auch paßten sie aufs beste zueinander, denn der Königssohn hatte einen hellen Kopf, und der Junge aus dem Strom war stärker als alle anderen. Kein Jäger konnte den wilden Bären in den Wäldern und Bergen besser nachstellen als diese beiden. Der Kluge trieb die Bären auf den Starken zu, und der packte sie und rang so lange mit ihnen, bis sie kraftlos zu Boden stürzten.

Um einen Fluß zu überqueren, schlugen sie Bäume und bauten ein Floß. Auch der kluge Königssohn war kein Schwächling, er vermochte einen Baum mit zwei Beilhieben zu fällen, aber sein Bruder schaffte es mit einem Schlage. Der Starke besaß ein Beil, das vier Mann nicht tragen konnten. Er aber warf es bisweilen so hoch in die Luft, daß es die Wolken spaltete. Erst nach einer Stunde fiel es wieder herab, und aus den Wolken stoben die Blitze. Wenn der Bursche das Beil auffing, zitterten Himmel und Erde unter den Donnerschlägen.

Reisende berichteten einmal, daß in einem fernen Lande hinter den schwarzen Bergen eine Königstochter lebe, die so stark sei, das kein Mann sie im Zweikampf besiegen könne. Auch sei sie schöner, als Menschenaugen je gesehen. Nur wer sie besiegte, sollte sie zur Gemahlin bekommen. Es gab nur zweierlei: siegen oder sterben.

Der Königssohn wollte ausziehen, um die starke Königstochter zu gewinnen. «Ich ziehe mit», sagte sein starker Bruder. «Wir bleiben zusammen.»

Es wurde ein schwerer Weg, denn die Gipfel der schwarzen Berge ragten bis in die Wolken hinauf, und Schneestürme fegten durch Schluchten und Spalten. Aber der kluge Königssohn fand immer wieder eine windstille Ecke, und der Starke stapelte Felsbrocken und Eisklumpen zur schützenden Wand.

Der Weg führte über eine Brücke zwischen zwei Bergen, sie konnten aber nicht hinübergelangen, denn an jedem Ende der Brücke lag ein greulich großer Drache.

Der starke Bruder wollte sich gleich auf die Untiere stürzen, aber der Kluge sprach: «Laß mich nachdenken. Mit deinem Drachen kannst du kämpfen, aber zwei sind reichlich viel. Weißt du was? Du nimmst zwei mächtige Felsblöcke und wirfst sie den beiden Drachen genau auf das Schwanzende. Wenn das eintrifft, was ich mir überlegt habe, ist der Weg bald frei.»

Der Starke ergriff zwei Steine, groß wie Heuwagen, und schleuderte sie gleichzeitig durch die Luft. Der eine Stein traf genau den Schwanz des ersten Drachen, der zweite das Schwanzende des hinteren Drachen. Beide Drachen fuhren herum, den Übeltäter zu erwischen, und sahen nur den anderen. Da stürzten sie sich aufeinander, spuckten Rauch und Flammen, sengten und zerrissen sich und fielen kämpfend hinab in die tiefe Schlucht.

Auf dem anderen Berghang fanden sie in einer Höhle zwei schneeweiße Pferde, die sich wie zwei Wassertropfen glichen. Reiten gefiel den Brüdern besser als laufen, und jeder stieg auf ein Pferd. Schon stürmten sie durch die Berge und erreichten in Windeseile ein offenes Feld.

Schreiend und lärmend kämpften dort zwei Riesen. Sie schlugen einander mächtige Eichen um die Ohren und rissen sich heuhaufenweise Haarbüschel aus dem Kopf. «Ich bin der Stärkste! Mir gehört's!» schrien sie beide.

«Warum dieser irre Kampf?» fragten die Brüder. Die Riesen erzählten, ihr Vater hätte ihnen eine Wunderaxt und eine Tarnkappe nachgelassen, seit zwei Jahren tobte nun schon der Streit um die Verteilung, sie könnten sich aber nicht einigen.

«Ruhig Blut!» sagte der kluge Königssohn. «Den Streit können wir schlichten. Mein Geselle wird diesen großen Felsblock mittendurch brechen und dann die eine Hälfte zehntausend Ellen nach Süden, die andere zehntausend Ellen nach Norden werfen. Auf mein Zeichen lauft ihr los, um je ein Teil zu holen. Ihr könnt uns nicht betrügen, denn die Teile passen genau zusammen. Wer zuerst seinen Brocken zurückbringt, darf als erster wählen.»

Gesagt, getan. Der Starke brach einen Felsen wie ein Kirchenschiff entzwei und schleuderte eine Hälfte nach Süden, eine nach Norden. Der Kluge gab das Zeichen, und die Riesen rannten fort. Aber der kluge Prinz hatte die Wunderaxt und die Tarnkappe in Verwahrung genommen. Sobald die Riesen außer

Sicht waren, nahm der Starke die Axt und der Kluge die Kappe. Sie schwangen sich auf ihre Pferde und ritten auf und davon.

Tage später erblickten sie auf einer Bergeshöhe ein pechschwarzes Schloß. Auf der Schloßmauer ragten hohe Pfähle empor, und darauf steckten die Häupter von all den Prinzen und Rittern, die mit der Königstochter gekämpft hatten. Der Starke setzte die Tarnkappe auf und war im Augenblick unsichtbar; sein Bruder aber ritt zur Mauer. Indes das Tor war verschlossen und blieb es auch, so sehr er mit der Faust darauf schlug. Leise sprach er mit seinem starken Bruder, und als er nun seine Hand wieder zum Pochen erhob, schlug der Starke mit der Wunderaxt einmal zu, und das Tor flog aus den Angeln und fiel auf den Schloßhof. Der kluge Königssohn ritt hinein, und sein starker Bruder, der sein Pferd draußen untergestellt hatte, folgte ihm.

Der Prinz übergab sein Pferd den Knechten und ließ sich zu der Prinzessin führen. Diese war noch weit schöner, als er sie sich vorgestellt hatte. Niemand hätte vermuten können, daß bisher noch kein Mann imstande gewesen war, es mit ihr aufzunehmen.

Sie fragte den Prinzen nach seinem Begehr, und als er sagte, daß er sie heiraten wolle, lachte sie: «Du mußt wissen, was du tust. Wenn du mich besiegst, werde ich deine Gemahlin, wenn du verlierst, wird dein Haupt auf einen Pfahl gesteckt, neben all den anderen, denen der Kampf mißlungen ist.»

Ein Scharfrichter meldete dem Prinzen, welche Wettkämpfe er zu bestehen habe: Mit der Prinzessin Armdrücken – um zu sehen, wer der Stärkste sei; dann ein Pferderennen – um zu sehen, wer der Schnellste sei; schließlich ein Nahkampf mit selbstgewählten Waffen – um zu sehen, wer der Standhafteste sei. Die erste Probe sollte schon in einer Stunde beginnen. Zuvor wurde der Prinz aber in eine Kammer geführt, damit er sich von der Reise ein wenig ausruhen könne. Unsichtbar unter der Tarnkappe folgte ihm sein Bruder auf dem Fuße nach, und in der Kammer tauschte er mit dem Prinzen die Kappe und nahm dessen Platz ein.

Unten in der großen Halle wurde indessen ein Tisch aus härtestem Eichenholz bereitgestellt. Die Tischplatte war zwei Fuß dick und die Tischbeine ebenso. Die Prinzessin nahm auf der einen Seite Platz und ihr Gegner auf der anderen; die Ellbogen ruhten auf der Tischplatte, und die Hände wurden ineinander gelegt. Nun sollte jeder drücken, und wer seinen Arm nicht hochhalten konnte, so daß seine Hand auf die Tischplatte hinuntergezwungen wurde, der hatte verloren.

Der Kampf begann. Drei Tage und drei Nächte saßen sie einander gegenüber, ohne daß die Arme sich bewegten. Dann aber, als es tagte, sagte der starke Jüngling: «Was meinst du, Prinzessin, wir haben uns nun schon so lange die Hand gedrückt, wollen wir jetzt nicht endlich drücken?»

Er verzog keine Miene, aber das Holz unter seinem Ellbogen fing an zu bersten, und die Splitter stoben umher. Die Prinzessin lief rot an, aber ihr Arm zitterte noch nicht. «Mein Arm steht ganz fest», sagte der starke Jüngling. «Laßt uns noch einmal versuchen.» Es war kaum zu sehen, daß Bewegung in die Arme kam, aber die Prinzessin wurde noch röter, und dicke Schweißtropfen standen ihr unter der Nase. Wie sie sich auch anstrengte, ihr Arm gab immer mehr nach, und just einen Tag später wurde ihre Hand auf die Platte hinuntergedrückt.

Die Prinzessin zitterte von der großen Anstrengung, konnte sich kaum von ihrem Stuhl erheben und wurde erschöpft aus der Halle getragen. Der nächste Wettkampf sollte erst in zwei Tagen stattfinden. Der starke Jüngling hatte Hunger und Durst bekommen und bat, ihm etwas zu essen und zu trinken auf die Stube zu bringen. Als sie fragten, was er sich wünsche, bestellte er ein Faß Wein und einen halben gebratenen Ochsen. Das wurde gebracht, und die beiden Brüder aßen alles rein auf.

In den Stallungen der Prinzessin standen Pferde, die größer waren, als je ein Mensch auf der Welt gesehen hatte. Dem Prinzen wurde gemeldet, daß er sich ein Pferd aussuchen könne, aber er lachte nur: «Ich halte mich an mein eigenes Pferd, denn das läuft schneller als der Wind!»

«Wie du willst», antwortete die Prinzessin. «Hege aber keine zu großen Hoffnungen, denn meine Pferde sind schneller als der Blitz.»

Die Bahn wurde vom Schloß bis zu den kaum sichtbaren, schwarzen Bergen abgesteckt, dort führte sie durch eine finstere Höhle und dann wieder zum Schloß zurück.

Am Vorabend des Kampfes nahm der Starke die Tarnkappe, verließ das Schloß und sprang auf sein Pferd, das noch draußen stand. Da ward auch das Pferd unsichtbar. Er galoppierte davon, und niemand sah, wie er sich in der Höhle versteckte.

Am nächsten Morgen ließ die Prinzessin ein Pferd aus dem Stall holen, aber vierzig Mann konnten es kaum im Zaume halten. Der Prinz ritt auf seinem schneeweißen Pferd heran, neben dem Pferd der Prinzessin wirkte es wie ein Fohlen.

Auf ein Hornsignal ließen die Männer das große Roß laufen. Auch der Prinz sprengte davon, aber es war, als ob sein windschnelles Pferd auf der Stelle trat. Dem großen Pferd der Prinzessin flogen Erdklumpen wie Schiebkarren und bleischwere Felsbrocken um die Hufe. Einmal in Fahrt gekommen, berührte es den Boden gar nicht mehr.

Als die Prinzessin in die finstere Höhle hineinjagte, war das weiße Pferd noch gar nicht zu sehen; aber als der Prinz auf seinem schneeweißen Pferd durch die Höhle stürmte und auf der anderen Seite wieder erschien, ließ sich die starke Prinzessin noch immer nicht blicken.

Der starke Bruder hatte ihr Pferd an Kopf und Schwanz gefaßt, hochgehoben und festgehalten. Die Prinzessin drückte dem Pferd die Sporen in die Seite, aber es blieb dunkel um sie herum. Erst als der Prinz das Schloß beinah erreicht hatte, ließ der Starke das Roß der Prinzessin sachte herab, und sobald dessen Hufe den Boden berührten, schoß es wie der Blitz nach draußen. Als die Prinzessin das Schloß erreichte, wartete der Prinz schon lange auf sie.

Abermals zwei Tage später sollte der Zweikampf mit den Waffen stattfinden. Prinz und Prinzessin hatten beide das Recht, aus der Waffenkammer zwei oder drei Waffen zu wählen. Die Prinzessin ergriff einen Bogen, der so schwer war, daß dreizehn Mann den dazugehörigen Pfeil tragen mußten. Als zweite Waffe wählte sie ein Schwert, das dreizehn Mann schleppen mußten, und als dritte eine eisenbeschlagene Keule, die dreizehn Mann kaum stemmen konnten.

Dann durfte der Prinz auch wählen, aber er sagte: «Das paßt mir alles nicht. Ich kämpfe nicht mit Spielzeug», löste die Schnalle an seinem Mantel und ergriff die Streitaxt, die an seinem Gürtel hing. Das Eisen maß nur einen Fuß, der Stiel nur eine Elle.

«Ich halte mich an meine Axt», sagte er. ‹Wie töricht›, dachte die Prinzessin. ‹Was will er mit dem läppischen Beilchen gegen mich ausrichten?› Der Prinz aber ging in seine Kammer, um den Mantel abzulegen, und tauschte dort die Rolle mit seinem starken Bruder.

Nun mußten sie sich auf je eine Seite eines großen Kampfplatzes vor dem Schlosse aufstellen. Die Prinzessin spannte den Bogen und legte den Pfeil auf, den dreizehn Mann heranschleppten. Der starke Jüngling schaute gelassen zu, die Axt locker in der Hand.

«Seid ihr bereit?» wurde gefragt, und als der Jüngling mit «Ja» antwortete, schoß die Prinzessin den Pfeil ab. Wie ein mächtiger Baumstamm flog er auf den Jüngling zu, doch im letzten Augenblick hielt dieser seinen Axtstiel vor sich hin. Der Pfeil prallte daran ab und stob mit solcher Wucht an ihm vorbei, daß er einen Schloßturm wegriß. Nicht vom Platze gerührt hatte sich der starke Jüngling, nun lehnte er sich wieder auf seine Axt

Spinnewütend schalt die Prinzessin: «Warum kämpfst du nicht wie ein Mann?»

«Ach», sagte der Jüngling. «Hatten wir schon angefangen? Das war mir entgangen. Gut, dann wollen wir weiterkämpfen.»

Die Prinzessin packte das Schwert, das dreizehn Mann gebracht hatten, und wieder standen sie sich auf dem Kampfplatz gegenüber. Als das Zeichen gegeben wurde, sprang die Prinzessin mit einem Satz über das Feld und schwang das wuchtige Schwert wie ein Federchen hoch über dem Haupte des starken

Jünglings. Der blieb stehen, wo er stand, und streckte nur mit einer Hand die Axt in die Höhe.

Mit beiden Händen schlug die Prinzessin zu, gellend sauste die Klinge durch die Luft, traf den Rücken der Axt, knickte um, zerbrach wie eine Mohrrübe und bohrte sich noch sieben Ellen tief in den Felsboden.

«Das tut mir aber aufrichtig leid», sagte der Jüngling. «Nun habe ich dein Schwert zerbrochen. Wir wollten doch eben anfangen zu kämpfen! Aber ich meine, du hast noch ein handliches Stöckchen mitgebracht, dann nimm das zum Schlagen, und wir können beginnen.»

Wutschnaubend raste die Prinzessin zu dem Streitkolben, den dreizehn Mann kaum stemmen konnten, hob ihn auf wie ein Zündholz und wirbelte ihn herum, daß man ihn kaum erkennen konnte. Dann, auf ein Zeichen, stürzte sie sich auf den starken Jüngling, um ihn mit wenigen Schlägen zu zermalmen. Aber als sie vor ihm stand, schien es ihr, als schaue sie geradewegs in die Sonne, denn das kreisende Blatt der Streitaxt schimmerte wie ein Feuerrad vor dem Jüngling. Und bei jedem Streich, den sie führte, wurde von der Keule eine Scheibe abgeschnitten wie von der Wurst beim Schlachtermesser. Ehe sie das gewahr wurde, hatte sie nichts mehr in der Hand als ein Endchen Holz.

Da war nun in allen Waffenarten der Kampf für sie verloren, und sie mußte wohl versprechen, den Sieger zu heiraten. Aber von Herzen kam ihr das nicht.

Am Abend setzte sich der kluge Prinz die Tarnkappe auf und lief durch den Garten. Da hörte er, wie sich die Prinzessin mit einem Manne, den er wohl hören, aber nicht sehen konnte, verschwor.

«Den ersten Teil habe ich zwar verloren», sagte die Prinzessin. «Aber sobald ich mit ihm vermählt werde, drücke ich ihn tot!»

Diesen Plan verriet der kluge Prinz sogleich seinem Bruder, und sie machten aus, daß der Starke nach der Trauung an die Stelle des Prinzen treten sollte.

Als der Prinz und die Prinzessin in die Brautkammer geführt

wurden, begab sich der Prinz unter dem Vorwand, noch etwas holen zu müssen, in seine eigene Kammer und tauschte dort den Platz mit seinem Bruder.

Hinter dem Starken schlich auch der unsichtbare Prinz in die Brautkammer, um zu beobachten, was sich zutragen würde. Die Prinzessin lockte den starken Jüngling in ihre Arme, wollte ihn küssen, umschlang ihn aber und begann zu drücken. Lachend wehrte sich der Starke, sie möchte ihn doch nicht kitzeln. Dann nahm er sie in die Arme und drückte zu, bis der Prinzessin der Atem stockte.

In dem Augenblick flog ein großer, rußschwarzer Raubvogel durch das offene Fenster in die Kammer. Im Fluge riß er dem Königssohn die Tarnkappe vom Kopfe und zog ihm die Wunderaxt aus dem Gürtel. Der Prinz wurde sichtbar, der Raubvogel nahm die Gestalt eines Zauberers an. Der nahm die Axt und schlug mit einem Hieb dem starken Jüngling beide Beine an den Knien ab.

Dieser Zauberer hatte die Königstochter in seinen Bann geschlagen, hatte sie einst verwünscht, weil sie seine Werbung ablehnte. Er hatte sie so stark gemacht, daß sie jeden Freier töten mußte. Und jetzt, da er sah, daß sie diesen Kampf nicht gewinnen konnte, mußte er sich selbst offenbaren.

Der starke Jüngling wurde in den tiefsten Kerker geworfen, der kluge Königssohn mußte die Schweine des Zauberers hüten. Die Tarnkappe und die Wunderaxt barg der Zauberer in seiner Schatzkammer tief in einem Berg, die Pferde führte er in seinen Stall.

Vor der Schatzkammer wachte ein greulich großer, grimmiger Kater. Auf seinem Kopf zwischen den Ohren stand eine brennende Zauberkerze, bei deren Licht er alles Sichtbare und Unsichtbare erkennen konnte. Er rührte sich nicht von der Stelle, zeigte seine drei Zoll langen Zähne, spreizte die Krallen wie die Zinken einer Heugabel und ließ nur den Zauberer ein und aus.

Der kluge Prinz täuschte seine Niederlage vor und ging in Lumpen gekleidet hinter den Schweinen her. Aber er gab den

Kampf nicht auf! Er mußte seinem Bruder im finsteren Kerker helfen. Nun hatte der Prinz einen Hund, der folgte ihm aufs Wort. Einmal aber, als er ihn zu sich rief, witterte der Hund einen Fuchs, und so sehr der Prinz auch rief, der Hund konnte es nicht lassen und rannte erst einmal hinter dem Fuchs her.

An diesem Abend betrat der Prinz die Grotte, welche die Schatzkammer des Zauberers barg. Fauchend wie Otterngezücht saß der Kater vor dem Eingang. Um ihn herum lag der Boden besät mit den Knochen all dessen, was im Laufe der Jahre zwischen seine Krallen geraten war. Behutsam lugte der Prinz um die Ecke, griff in seine Tasche und warf dem fauchenden Kater eine lebende Maus vor. Die Maus schlüpfte zwischen seinen Pfoten hindurch, der Kater setzte ihr nach und sprang aus der Höhle hinaus. Nun war der Weg frei, und der Prinz eilte in die Schatzkammer.

Wohl hundert Lampen beleuchteten die glänzende und glitzernde Pracht. Gleich neben dem Eingang lagen die Tarnkappe und die Wunderaxt. Der Prinz ergriff die beiden Wunderdinge und schaute sich dann weiter um. Auf dem Tisch stand ein Fläschchen mit Lebenswasser, das steckte er in die Tasche, rannte hinaus, duckte sich grade noch rechtzeitig, denn schon kam der Kater zurück. Der schleckte sich noch das Maul und setzte sich dann mit der brennenden Kerze auf dem Kopf wieder als Wächter vor den Eingang.

So schnell er konnte, lief der Prinz zum Schloß. Wie ein warmes Messer die Butter schneidet, so spaltete die Wunderaxt alle Riegel und Schlösser, und bald darauf stand der Prinz in dem finsteren Loch, wo sein starker Bruder eingesperrt war. Mit armdicken Ketten hatte man ihn an einem Ring in der Mauer festgeschmiedet. Die Axt schnitt sie durch. Aber leblos lag der Jüngling da, er hatte in der Gefangenschaft weder Essen noch Trinken bekommen. Schnell nahm der Prinz das Fläschchen und goß ein wenig Lebenswasser auf sein Haupt. Der Jüngling öffnete die Augen und schlang die Arme um seinen klugen Bruder. Mit dem übrigen Lebenswasser wusch der Prinz die Stümpfe seiner Beine, und kaum berührte es die Haut, so wuchsen seine Schenkel wieder, und die Beine waren wie vordem.

Der Prinz zeigte die wiedergewonnenen Schätze, und sie berieten, was sie weiter unternehmen wollten. Der Starke wog die Axt in der Hand und setzte zum Scherz die Tarnkappe auf. Aber sowie er die Kappe auf dem Kopfe hatte, erblickte er den Zauberer und sah, daß er schlief. Auch der Zauberer hatte zur Probe die Kappe aufgesetzt, und ein Haar von ihm war darin hängengeblieben. Wenn aber ein Fremder ohne Einwilligung des Besitzers die Kappe trug, und es blieb auch nur ein Haar daran haften, so hatte die Kappe die wundersame Eigenschaft, daß der Eigner sogleich den Dieb erblickte, wenn er die Kappe selbst auftat.

Die Tarnkappe auf dem Kopfe und die Axt in der Hand führte nun der starke Jüngling eines der Pferde der Königstochter aus dem Stall. Er schwang sich in den Sattel und stürmte über Berg und Tal hin zu dem Schloß des Zauberers. Alles, was sich ihm in den Weg stellte, fällte er mit seiner Axt, und in einem wilden Zweikampf erschlug er den Zauberer.

Da war auch die Prinzessin von ihrer Verzauberung erlöst, und alle Prinzen und Ritter, die im Kampfe mit der Prinzessin ums Leben gekommen waren, erwachten wieder zum Dasein. Der Kluge wurde König vom ganzen Land und sein starker Bruder Unterkönig. Gemeinsam haben sie noch manchen Bären in den Wäldern und Bergen gejagt, und der Starke rang mit ihnen, bis sie kraftlos zu Boden stürzten.

Sieben goldene Federn

Es war einmal eine Königstochter, deren Mutter war gestorben. Ihr Vater, der König, nahm sich eine zweite Frau. Aber die Stiefmutter konnte das Mädchen nicht leiden.

Es war ein gutes Kind und stand beim Volke weit höher in der Gunst und im Ansehen als sonst jemand aus der königlichen Familie. Die Dienerschaft des Palastes trug sie auf Händen. Das mochte die Stiefmutter nicht – sie hatte selbst auch Töchter. Die Prinzessin sollte ausgetilgt, fortgeschafft werden.

Der Vater stand so sehr unter dem Einfluß seiner zweiten Frau, daß er sie in allem gewähren ließ. Die Prinzessin wurde an die Grenze des Reiches gebracht. Dort, in großen, finsteren, unzugänglichen Wäldern mit Sümpfen, Tümpeln und reißenden Gewässern, wurde sie in ein Versteck, in eine enge Hütte eingeschlossen.

Nur wenig Essen wurde bei ihr zurückgelassen, dann mußte sie verhungern. Im letzten Augenblick gelang es ihr, aus der Hütte zu fliehen. Sie hatte aber nicht mehr die Kraft, die bewohnte Welt zu erreichen, und Hunger und Elend verwirrten ihr den Sinn. «Nicht weit von hier ist ein Wasser», dachte sie. «Ich springe hinein, dann ist alles vorbei.» Aber weil sie so schwach war, stolperte sie über eine Wurzel, sie fiel – und fand dort eine goldene Feder.

Eine seltene und schöne Feder war es. Sie hob sie mit ihrer schwachen Hand, bewunderte sie und nahm sie mit. Kaum noch dachte sie daran, daß sie ins Wasser gehen wollte.

Sie kam an einen Kreuzweg. Ein Weg führte zum Wasser, der andere nicht. Da erblickte sie auf dem Weg, der vom Wasser weg führte, wieder eine Feder. «Sonderbar, noch eine Feder», dachte sie, bog in den Pfad ein, hob die Feder auf, vergaß das Wasser und ging immer weiter.

Der Hunger quälte sie, mühsam ging sie vorwärts, meinte, auf dem Boden läge ein Stück Brot. Sie stürzte sich darauf, da lief es davon, es war ein Igel. Aber sie fand wieder eine goldene Feder, die dritte, und nahm sie mit. Noch einmal geschah es ihr, daß sie einen Stein für Brot ansah, und sie fand die vierte goldene Feder.

Immer weiter ging sie, kam an einen reißenden Fluß. Ein runder, glatter Baum lag darüber, der war aber naß und glitschig. Sie schrak zurück, verlor den Mut, wollte aufgeben. Da sah sie etwas glänzen – mitten auf dem Baumstamm lag die fünfte goldene Feder. «Ja», dachte sie, «ja, die Feder will ich haben.» Sie wußte nicht warum, sie wollte die Feder haben und kroch über den glatten Stamm. Sie nahm die Feder und gelangte wohlbehalten ans andere Ufer.

Weiter ging sie und war nah am Verschmachten. Da sah sie, wie eine Taube aus einem Baum von ihrem Nest aufflog. «Das ist nicht hoch», dachte sie, «ich will ein paar Eier essen.» Sie griff hinauf in das Nest – es lagen keine Eier darin, aber sie hielt die sechste goldene Feder in der Hand.

Sie ging weiter und erblickte ein sonderbares altes Gebäude, eine Ruine, wie die Trümmer eines Schlosses, brüchig und baufällig.

Der Weg führte über eine halbzerfallene Brücke, eine Zugbrücke auf morschen Pfählen. Sie schauderte. «Ich kann nicht, ich will nicht dahin», dachte sie. Aber dann sah sie auf der Brücke, schon fast auf der anderen Seite, wieder eine solch goldene Feder liegen. Da lief sie über die Brücke und stand, die sieben Federn in der Hand, vor dem verschlossenen Tor der alten Ruine.

Sie klopfte an, aber niemand öffnete. Mutlosigkeit überkam sie, und in ihrer Verzweiflung und Verlassenheit wollte sie wieder ins Wasser gehen. Aber die sieben Federn bewahrten sie davor. Sie tat einen Schritt, ihr Fuß glitt aus, und um nicht zu fallen, griff sie nach dem Knauf des großen Tores. Da öffnete sich das Tor, und vor ihr stand ein Prinz.

Die goldenen Federn hatten die Königstochter über die Grenze ihres Reiches geführt, und so war sie in das Land und zum Schloß des Prinzen geraten. Eine böse Macht hatte diesen Königssohn in einen Vogel verwandelt. Ich weiß nicht, in welchen Vogel, aber er hatte sieben goldene Federn. Gleichzeitig war sein Reich verfallen, sein Schloß zur Ruine zerbröckelt, Diener und Hofleute waren von der bösen Macht vertrieben oder vernichtet worden.

Der Prinz war geblieben – als Vogel. Ihm wurde geweissagt: Wenn eine Prinzessin die Klinke zum großen Tor des Palastes aufdrücken würde, so wäre er erlöst.

Ob das jemals geschähe? Wälder, Seen und Flüsse umringten das Schloß, es war vergessen worden, niemand konnte es finden. Das hatte schon lange Zeit gedauert, niemand wußte mehr davon, auch die Königstochter nicht. Wie sollte je eine Prinzessin den Weg dahin finden?

Der Königssohn flog als Vogel aus, und so hatte er die Prinzessin erblickt. Er begriff, daß sie seine einzige Rettung wäre, und er nahm seine sieben goldenen Federn, um sie den weiten Weg durch die Wildnis zu seinem Schloß zu locken. Der Zufall hatte sie die Klinke ergreifen und drücken lassen. In diesem Augenblick war der Zauber gebrochen, der Vogel wieder ein Königssohn. Zugleich verwandelte sich die alte Ruine in den glänzenden Palast aus alten Zeiten.

Beide, Prinz und Prinzessin, waren erlöst, und sie heirateten.

Bald schon kamen Diener zu ihnen, denn in das andere Reich war die Kunde gedrungen, daß die Prinzessin, ihre Prinzessin, noch lebte und Hilfe brauchte. In kurzer Zeit fand sich Hofstaat und Gesinde. Die Menschen hatten es der Stiefmutter sehr übelgenommen, daß ihre Prinzessin verschwunden war.

Nun hatte sie einen Prinzen, und die Prinzessin hatte ein Reich. Aber sie kehrte auch als Prinzessin zu ihrem eigenen Volk zurück. Bald darauf bekam sie dieses ganze Königreich dazu, denn der alte König mußte zurücktreten und ihr den

Thron überlassen. Zu lange hatte er geduldet, was die Stiefmutter angestiftet hatte. Auch mußte die Stiefmutter mit ihren Töchtern den Hof verlassen; arm und einsam sind sie bald gestorben.

Das junge Paar aber lebte und regierte noch lange und glückliche Jahre.

Das Mädchen aus der Nuß

Ein Jüngling träumte, daß irgendwo auf Erden ein wunderschönes Mädchen lebte. War es ein Traum, war es kein Traum? Er konnte ihn nicht vergessen.

Als er herangewachsen war, bat er seine Eltern um ein Pferd, weil er sich eine Frau suchen wolle. Er bekam das beste Pferd, und seine Mutter packte ihm so viel Essen und Trinken ein, daß es wochenlang gereicht hätte.

Gegen Abend geriet er in einen großen Wald, dort wurde er von Räubern überfallen und gänzlich ausgeplündert. In jener Nacht schlief er unter einem alten Baum. Da träumte ihm wieder, er wäre bei dem Mädchen, das er suchte.

Als er am Morgen erwachte, hörte er Hilferufe. Er ging der Stimme nach und fand ein altes Weiblein. Hilflos lag es am Wegrand.

Es erzählte ihm, wie es von Räubern überfallen worden sei, die hätten ihm alles weggenommen.

«Genauso ist es mir ergangen», sagte der Jüngling. «Ich habe auch nichts mehr.»

Er hob das Weiblein auf die Füße und klopfte ihm den Staub aus den Kleidern. Im Bach befeuchtete er sein Halstuch und wusch dem Weiblein Sand und Erde aus dem Gesicht. Dann fragte er, wo es wohne.

Das Weiblein konnte nicht mehr allein gehen, und so trug er es behutsam in sein Häuschen. Dort blieb er so lange, bis es sich wieder selbst helfen konnte.

Als er gehen wollte, gab ihm das Weiblein drei Nüsse: «Zwei darfst du aufessen, aber die dritte Nuß mußt du eine Woche lang aufheben, wie sehr dich der Hunger auch plagt. Dann wirst du dein Mädchen finden.»

Zu Fuß zog der Jüngling weiter und geriet immer tiefer und tiefer in den Wald hinein. Am ersten Abend aß er eine Nuß. Am anderen Tag zog er weiter und aß auch diesmal nichts als eine Nuß. Am dritten Tag fand er nichts zu essen, aber die Nuß aß er nicht. Am vierten Tag quälte ihn der Hunger, aber er behielt die Nuß in der Tasche.

Am letzten Tag der Woche wankte er dahin. Er war so hungrig, daß er nicht auf den Beinen bleiben konnte, aber er rührte die Nuß nicht an. Er wagte aber auch nicht, sie in der Tasche zu behalten, deshalb grub er ein kleines Loch in den Waldboden und legte die Nuß hinein.

Als er am nächsten Morgen aufwachte, lag das Mädchen aus seinem Traum neben ihm, und die Nuß war weg.

«Mein Pferd steht dort hinter den Sträuchern», erzählte sie ihm. «In den Satteltaschen steckt reichlich Essen.»

Der Jüngling machte sich auf, das Pferd zu holen. Sobald er verschwunden war, kam eine Hexe aus dem Gestrüpp, packte das Mädchen und warf es in einen tiefen Brunnen. Das Mädchen fiel hinab, und die Hexe nahm seinen Platz ein. Sie band das Kopftuch, das sie dem Mädchen weggerissen hatte, um ihren Kopf, damit ihr Gesicht im Schatten bliebe.

Als der Jüngling eben wiedergekommen war, flog ein Vogel aus dem Brunnen auf. Die Hexe befahl dem Jüngling, einen Stein zu werfen und den Vogel zu töten. Der Jüngling warf den Stein, der Vogel stürzte tot zu Boden. Er hatte noch nie ein so schönes Vögelchen gesehen, und er bedauerte, es getötet zu haben. Jetzt war aber nichts mehr zu ändern, und er begrub den Vogel im Waldboden.

Auf der Stelle wuchs dort ein Baum, und als er groß und stark war, hing an dem untersten Ast eine Nuß. Die Hexe wollte die Nuß in den Brunnen werfen, aber der Jüngling nahm sie ihr ab. Sobald er sie in seiner Hand hielt, verwandelte sich die Nuß in das Mädchen aus seinem Traum.

Nun schaute der Jüngling genauer unter das Kopftuch und

gewahrte die Hexe. Er packte sie mit beiden Händen und warf sie in den tiefen Brunnen. Dann legte er einen schweren Stein auf den Brunnen, damit die Hexe nicht wieder herauskommen konnte.

Darauf hat er sein Mädchen vor sich auf das Pferd gehoben und ist mit ihm nach Hause geritten.

Der arme Junge und die Tochter des reichen Bauern

Es waren einmal ein Junge und ein Mädchen, die wohnten nicht weit voneinander. Gemeinsam gingen sie zur Schule, und wenn sie nach der Schule heimkamen, spielten sie fast immer zusammen.

Das Mädchen war das einzige Kind eines reichen Großbauern, der Vater des Jungen war ein armer Tagelöhner.

Als die Kinder zwölf Jahre alt waren, sagte der Bauer zu dem Mädchen: «Jetzt solltest du eigentlich nicht mehr mit dem Jungen spielen gehen.»

«Warum nicht?» fragte das Mädchen. «Wenn wir groß sind, wollen wir doch heiraten.»

«Das ist Kindergeplapper», meinte der Vater.

Es änderte sich nichts, aber als sie vierzehn war, sagte der Großbauer: «Jetzt reicht's. Das muß ein Ende haben.» Er erlaubte es nicht länger, daß sie zu dem Jungen ging; wenn sie dann doch gehen wollte, hielt man sie zurück.

Aber das schlug fehl – das Mädchen wurde schwermütig, wollte nicht mehr essen und nicht mehr trinken. Der Vater versuchte, sie zu überreden: «Du weißt doch, es ist ihm nur ums Geld zu tun, das kann nicht gut gehen!»

«Ich will ihn aber heiraten!» sagte das Mädchen. «Wir haben uns versprochen.»

«Nun, dann mußt du noch zehn Jahre warten.» Er dachte, in den zehn Jahren ist sie gewiß vernünftig geworden.

Aber die zwei Kinder hatten sich so lieb, daß es kaum möglich war, sie zu trennen. Deshalb verkaufte der Bauer seinen Hof und zog weit weg auf einen anderen, neuerworbenen Besitz.

Beim Abschied gelobten sich der Junge und das Mädchen: «In zehn Jahren heiraten wir!»

Die Jahre vergingen, und eines Tages sagte der Junge zu seinen Eltern: «Morgen früh will ich mich auf den Weg machen und zu meinem Mädchen gehen. Wir wollen heiraten.» Es war eine weite Reise, drei Tage würde er wandern müssen. Der Junge bekam Essen mit, und früh am Morgen ging er fort.

Er war schon lange gewandert, als er einen Hund bemerkte, der sich im Gestrüpp verfangen hatte und erbärmlich jaulte. Der Junge trat hinzu und befreite den Hund. Das Tier war verstört und verwahrlost. Der Junge streichelte und besänftigte es, gab ihm von seinem eigenen Essen und Trinken. Dann zog er weiter, und der Hund folgte ihm. Als es Abend wurde, legten sie sich hin, der Hund neben den Jungen, und so schliefen sie ein. Am anderen Morgen, als er aufwachte, war der Hund verschwunden.

Er ging den ganzen Tag, und gegen Abend hörte er eine Frauenstimme, die um Hilfe rief. Er lief darauf zu und fand eine alte Frau, die hilflos in einem Wassergraben lag. Er half ihr auf, trocknete ihre Kleider, teilte mit ihr Essen und Trinken und umsorgte sie, so gut er konnte. In der Nähe stand ein alter Schuppen mit Heu und Stroh. «Hier», sagte er, «wollen wir heute nacht schlafen.» Und als die Alte vor Kälte zitterte, zog er seinen Mantel aus und deckte sie damit zu. So schliefen sie ein.

Am anderen Morgen lag aber nicht mehr das alte Weib neben ihm, sondern ein schönes, junges Mädchen. So hübsch und verlockend sie auch aussah, er kümmerte sich nicht im geringsten um sie, nur Essen und Trinken bekam sie, und dann konnte sie gehen. Das tat sie denn auch, aber auf einmal war sie verschwunden.

Er ging den dritten Tag und gelangte vor Anbruch der Dunkelheit zu dem Hof, wo das Mädchen wohnte. Sie war dort Bäuerin, ihr Vater war schon gestorben. Sie wußte von seinem Kommen und erwartete ihn.

Nach dem Tode des Vaters waren ihr seine Worte in den Sinn gekommen, und sie hatte sich gefragt, ob der Junge sie nicht doch des Geldes wegen heiraten wollte. Sie war sehr klug geworden und hatte viele Zauberkünste gelernt. Da sie wissen wollte, ob er Tiere und Vieh gut behandelte, hatte sie sich in den verlassenen und hungrigen Hund verwandelt.

Als sie sah, daß er gut war, fragte sie sich: Wenn ich später einmal alt bin, wir verheiratet sind und er das Geld verwaltet, wie wird er mich behandeln? Deshalb verwandelte sie sich in das alte Weib. Sie sah, daß er gut war, ihr aus dem Graben half, sie mit seinem Mantel zudeckte.

Ob er ihr aber treu bliebe? Um das zu ergründen, wurde sie zu einem hübschen Mädchen. Aber er sah sie nicht an, und nun wußte sie, daß er nur sie meinte.

Dann haben sie geheiratet und lange und glücklich als Bauer und Bäuerin auf dem Hof gelebt.

Das Mädchen als Soldat

Es war einmal ein kleines Königreich, das wurde von einem großen Königreich überfallen, und das kleinere Reich verlor die Schlacht. Der König war schon alt, und sein Sohn führte das Heer an. Alle wehrhaften Männer in dem kleinen Königreich waren schon aufgerufen worden, mit Verstärkung war nicht mehr zu rechnen.

Nun lebte ein Bauer in dem Land, der hätte eigentlich mitkämpfen sollen, er mochte aber seinen Hof nicht verlassen.

Da sagte seine älteste Tochter, ein kräftiges Mädchen: «Weißt du was? Ich werde den Soldatenrock anziehen und für dich in den Krieg ziehen.»

Die schwerste Arbeit wurde ihr nicht zuviel, sie half auf dem Hof wie im Haushalt, warum sollte sie im Kampfe ihren Mann nicht stehen? Zuerst wollte der Vater nichts davon hören, aber schließlich hielt er es auch für die beste Lösung, denn sie mußten einen Mann aufbringen. Und so hatte das Mädchen als Soldat an der Schlacht teilgenommen.

Es war aber auch sehr klug und hatte wohl wahrgenommen, daß der Prinz nicht immer die richtigen Entscheidungen traf. Die allzuschwere Niederlage wäre vermeidbar gewesen.

Nach dem Kampfe zog es seine Mädchenkleider wieder an und suchte die Verwundeten auf dem Schlachtfeld auf. Es fand einen, der, vom Gefecht schwer zugerichtet, mehr tot als lebendig dalag. Aber es sah wohl, daß er ein schöner, junger Mann war. Sollte der hier so jämmerlich zugrunde gehen? Das Mädchen hob ihn auf, trug ihn in eine nahe Klause und pflegte ihn dort. In den Krieg kehrte es nicht zurück, die Soldaten des

Prinzen waren versprengt, ein Teil des Landes wurde vom fremden Großkönig besetzt.

Treu umsorgte das Mädchen den Jüngling. Er blieb am Leben, und als er wieder zu Kräften gekommen war, faßte er eine große Liebe zu dem Mädchen. Sie wurden einig, und es währte nicht lange, da merkte es, daß es schwanger ging.

Der Jüngling erschrak sehr, als sie es ihm erzählte, und offenbarte ihr nun, was sie nie gemerkt hatte: Er war der Prinz. Aus Staatsgründen war er der Königstochter des Nachbarlandes versprochen worden. «Gräme dich nicht», sagte das Mädchen. «Ich werde gehen.»

Sie hatten in der abgelaufenen Zeit oft über die verlorene Schlacht gesprochen, und dann hatte sie ihm dargelegt, was der Prinz ihrer Meinung nach hätte tun sollen. Auch als kleinere Macht hätten sie durch diese oder jene Kriegslist vielleicht gewinnen können. Der Prinz wunderte sich, daß sie über alles so genau unterrichtet war. Aber sie verriet ihm nicht, daß sie selbst als Soldat mitgekämpft hatte. Sie erzählte ihm nur, daß sie nach der Schlacht ihren Bruder getroffen und daß er ihr alles erklärt habe.

Nun verlangte der Prinz aber, den Bruder zu sprechen, sobald er die Reste seines Heeres wieder um sich versammelt hätte. Der Bruder solle nicht einfacher Soldat bleiben, er, der Prinz, brauche dringend seinen Rat. «Du wirst ihn leicht finden», sagte das Mädchen. «Er ähnelt mir sehr.»

Lange Stunden lag der Prinz in dieser Nacht noch wach und verwünschte sein Schicksal, daß er das Mädchen nicht heiraten konnte. Als er aber am anderen Morgen erwachte, war sie weg.

Auf mancherlei Umwegen gelangte der Prinz durch das feindlich besetzte Gebiet in sein heimatliches Schloß, wo ihn sein alter Vater mit großer Freude empfing. Schnell trommelte der Prinz seine letzten Soldaten zusammen und fand sogleich den Bruder des Mädchens, das ihn gepflegt hatte.

Der Soldat stellte sich höchst verwundert, daß der Prinz von seiner Schwester wußte, und sträubte sich dagegen, so unerwartet zum Offizier befördert zu werden. Als der Prinz dann aber die Kriegsführung mit ihm plante, zeigte sich, daß seine Schwester nicht zuviel behauptet hatte.

Die Nachricht kam, daß der andere König einen neuen Feldzug vorbereitete. Nun schmiedeten sie einen Schlachtplan, aber der Feind brachte eine so große Kriegsmacht zusammen, daß der Kampf unentschieden blieb; verloren hatten sie eigentlich auch nicht. Sie zogen zwar ihre Reihen zurück, hatten aber nur wenige Soldaten verloren, die Verluste des Feindes waren weit größer.

«Das geht nicht mit rechten Dingen zu», sagte der Offizier zum Prinzen, als sie sich abends berieten. «Dieses Heer hat der König nicht allein aufgestellt. Er hat Hilfe bekommen. Aber wer mag da seine Hand im Spiel haben? Das will ich herausfinden. Ich werde Euch jetzt verlassen, aber ich komme bald wieder.»

Das Mädchen verkleidete sich wieder als Frau und zog als Marketenderin durch die Reihen des feindlichen Heeres. Dort erfuhr sie, daß jener König, dessen Tochter mit dem Prinzen verlobt war, mit dem Großkönig unter einer Decke steckte. Auch seine Tochter hatte sich in den Großkönig verguckt, denn er war jung und unverheiratet. Ihr Ziel war, die drei Reiche zu vereinigen. Das alles erfuhr das Mädchen und auch, wann und wo eine neue Schlacht geschlagen werden sollte.

Eines Morgens war der Offizier wieder beim Prinzen und berichtete alles, was er ausgekundschaftet hatte.

«Wir dürfen nicht warten, bis sie angreifen, dann sind wir verloren!» Am anderen Tag nämlich beim Morgengrauen wollte der Feind das Königreich überfallen und auf einen Schlag einnehmen.

Dem Prinzen blieb keine Wahl; beim ersten Tagesschimmer überrumpelten er und sein Offizier, den er mittlerweile zum General erhoben hatte, den einen Flügel des feindlichen Heeres und trieben ihn in die Flucht. Auf diese Weise näherten sie sich den Feinden von einer Seite, mit der sie nicht gerechnet hatten. Sie zerstreuten das ganze Heer der beiden Könige, deren Macht dadurch gebrochen wurde.

Weiter zogen sie und besetzten das Reich des verräterischen

Königs, und der floh mit seiner Tochter zum Großkönig. Auch dessen Armee war vernichtet worden, so daß er gezwungen war, einen Friedensvertrag zu unterschreiben. Er verlor große Teile seines Landes und mußte einen hohen Tribut zahlen.

Da sprach der General zum Prinzen: «Ich gehe jetzt. Sollte ich vonnöten sein, dann braucht Ihr nur nach mir zu senden. Ich kehre zurück auf den Hof meines Vaters, denn dort bin ich unentbehrlich.»

«Das gefällt mir nicht», sagte der Prinz. «Ich wollte dich zum Herzog über die besetzten Gebiete ernennen.»

«Eine große Ehre», antwortete der General. «Aber besser würdet Ihr einen anderen berufen.» Und er nannte ihm einen zuverlässigen Mann.

Beim Abschied sagte der Prinz: «Ich wüßte gerne, was aus deiner Schwester geworden ist. Sie hat mich vom Tode gerettet, und ich möchte sie wiedersehen.» Er sagte aber nichts von den weiteren Umständen.

«Nun», erwiderte der General, «sollte sie nach Hause kommen, dann werde ich ihr das ausrichten. Aber unlängst war sie noch nicht da, habe ich vernommen.»

Der General zog nach Hause, legte aber unterwegs wieder Frauenkleider an. Alle freuten sich sehr, daß die Tochter wohlbehalten wiederkam. Nun gestand sie, daß sie ein Kind trug. Darüber waren sie weniger glücklich, aber ach, sie war im Krieg gewesen, als Mädchen unter den Soldaten; sollten sie nicht selber Schuld haben, daß sie sie hatten gehen lassen?

«Macht euch keine Sorgen», sagte die Tochter. «Ich habe noch andere Eisen im Feuer, ich werde schon ein Unterkommen finden.» Nein, nein, davon wollte ihre Familie nichts wissen. Aber am anderen Morgen war sie weg.

Der Prinz hatte dem General beim Abschied Papiere mit seinem Siegel mitgegeben, die es seiner Schwester ermöglichen würden, den Palast zu betreten. «Man kann nie wissen, wer sich sonst hereinschleichen würde», sagte er.

Die Papiere zeigte sie nun vor, und die Wache führte sie sogleich zum Prinzen.

«Alles hat sich in der Zwischenzeit geändert», sagte der Prinz zu dem Mädchen. «Mit der Prinzessin habe ich nichts mehr zu schaffen. Sie hat sich mit dem anderen König aus dem Staube gemacht, aber sie wird sich mit einem kleineren Reich zufrieden geben müssen, als sie geträumt hat.»

Und nun fragte er sie, ob sie seine Gemahlin werden wolle. Gleich nach der Vermählung würde sein Vater das Zepter niederlegen. Zwar wehrte sich der alte König gegen die Pläne des Prinzen, aber schließlich mußte er zugeben, daß er dem Mädchen und ihrem Bruder nicht nur das Leben seines Sohnes, sondern auch das ganze Reich verdankte. Er erhob sie also zur Herzogin, und die Vorbereitungen für die Hochzeit wurden getroffen. Von ihrem Zustand erfuhr das Volk nicht.

Der Prinz sagte zu seiner Braut: «Ich wünschte, daß dein Bruder an den Feierlichkeiten teilnehmen könnte. Er würde mir beim Feste fehlen.»

«Ich werde ihn benachrichtigen», antwortete sie.

Und ja, einige Tage später erschien ihr Bruder. Seltsamerweise blieb er aber nur kurze Zeit, und er begegnete seiner Schwester nicht. Er fragte nach ihr, aber der Prinz mußte zugeben: «Ich kann sie nirgends finden. Sie ist in die Stadt gegangen, ich weiß nicht warum.»

«Ich muß aber wieder weg», sagte der Bruder. «Wir sind zu Hause mitten in der Ernte. Durch den Krieg ist alles im Rückstand, aber jetzt habe ich Euch doch Glück wünschen können.» Er war schon wieder verschwunden, als seine Schwester nach Hause kam.

Als die letzten Hochzeitsgäste abgereist waren, ließ der Prinz den Kopf hängen.

«Was grübelst du?» fragte seine junge Frau. «Ach, es wurmt mich, daß dein Bruder bei unserer Hochzeit nicht anwesend war. Ich kann mich nicht so recht freuen.»

«Wenn es so schlimm ist, dann kann ich ihn dir bald bringen», sagte sie. Sie verläßt das Zimmer, im Nu zieht sie den Generalsrock an und kommt zurück.

«Mann, da bist du ja!» ruft der Prinz. «Als hättest du hinter der

Tür gestanden, schneller ging's nicht!» Und er rief laut nach seiner Frau.

«Du brauchst nicht so laut zu rufen, Mann – sie hört dich schon», sagte der General.

«Sie kommt aber nicht!»

Der General aber tat den Rock aus, den er über die Frauenkleider gezogen hatte, und da stand sie. Der Prinz rief aus: «Warst du dann immer ein und dieselbe?»

«Ja, ich war dieselbe. Aber das konnte ich nicht eingestehen, denn ich bin an Stelle meines Vaters in den Krieg gezogen.»

Der alte König und die Königin kamen auch dazu und verwunderten sich sehr. Sie beschlossen, nichts verlauten zu lassen. Aber ja, eines Tages hat der alte König sich verplaudert, und so ist die Geschichte unter die Leute gekommen.

Hanke, Banke und Fisch Trippentree

Das ist die Geschichte von Hanke, Banke und dem Pißpott, wie mein Großonkel Binne Reeling sie mir erzählt hat.

Nämlich das war so. Hinter einem Bauernhof lag ein Haufen Steine, und daneben lag ein zerbrochener Pißpott, der hatte eine Macke. Unter dem Pißpott richteten sich zwei Erdwichtel häuslich ein, ein Männlein und ein Weiblein. Die hießen Hanke und Banke, und sie lebten dort wohl und zufrieden.

Aber Banke hatte doch auch etwas an sich, was die meisten Frauen so an sich haben: Sie wollte so gerne einmal großreinemachen, und wenn es nur ein Pißpott wäre.

Sie sagte zu Hanke: «Geh, nimm die Pütze und den Eimer und schöpfe mir Wasser aus der See. Dann will ich heute den Pott richtig saubermachen, es wird Zeit.»

«Recht so», sagte Hanke.

Er ging, kam an die See und schöpfte eine Pütze voll in den Eimer. Als er noch eine Pütze in den Eimer leeren wollte, da sah er, daß ein kleiner Fisch darin schwamm. «Auch gut! Dann können wir heute Fisch essen, der wird gut schmecken.»

Was geschah? Das Fischlein fing an zu sprechen und sagte: «Ach, laß mich frei, laß mich frei! Wenn du mich schwimmen läßt, kannst du haben, was du dir wünschst.»

Seltsam. Hanke fragte: «Ist das auch wahr?»

«Ja, es ist wahr», sagte das Fischlein. «Du kannst haben, was du dir wünschst.»

Na ja, dachte Hanke, wir könnten einiges brauchen. Ich laß es darauf ankommen und werfe den Fisch wieder in die See.

Er brachte den Eimer Wasser nach Hause und erzählte Banke,

was er erlebt hatte. Aber das Weib fuhr ihn böse an: «Abscheulicher Kerl, ich habe solchen Appetit auf Fisch, und nun haben wir nichts.»

«Doch», sagte Hanke. «Wir können haben, was wir uns wünschen.»

«Na, wenn das stimmt, dann mußt du gleich wieder ans Wasser gehen», sagte Banke. «Und dann mußt du den Fisch rufen und ihn um ein neues Haus bitten.»

Hanke ging.

Als er ans Wasser kam, rief er:

«Fischlein, Fischlein Trippentree
komme aus der See.
Meine Alte Hillebill
weiß nicht, was sie will!»

Der Fisch tauchte auf und fragte: «Was ist los?»

«Mein Weib Hillebill wünscht sich ein neues Haus.»

«Geh nur hin, es steht schon da!»

Holterdipolter rannte Hanke nach Hause, und wahrhaftig, dort stand ein schönes Haus, und Banke stand unter der Tür und lachte und freute sich. Dann wollen wir mal alles ansehen! Ach, war das schön! Das war eine feine Sache! Aber es fehlte noch etwas.

Banke sagte: «Ich hätte doch gerne noch schönen Hausrat dazu.»

Das sollte angehen.

Hanke also wieder ans Wasser, wieder die gleiche Geschichte. Er rief:

«Fischlein, Fischlein Trippentree
komme aus der See.
Meine Alte Hillebill
weiß nicht, was sie will!»

Der Fisch erschien und fragte: «Was ist los?»

«Nun ja, sie hätte gerne Hausrat.»

«Geh nur hin, er steht schon da.»

Er kam nach Hause, ja, alles stand wirklich da. Alles aufs beste. Eine schöne Wanduhr, ein Bett, Stühle, Tische, alles war in Ordnung. Schön hatten sie es jetzt! Aber Banke war nicht zufrieden, sie wollte noch mehr haben. Sie wünschte sich eine schöne Kutsche, mit Pferden. Sie wünschte sich Kühe, sie wünschte sich einen Knecht und eine Magd für die Arbeit, zähl nur auf. Und das Fischlein gab alles. Jedesmal, wenn Hanke wiederkam, sagte das Fischlein: «Es steht schon da.»

Schließlich hatten sie alles, was sie nur bedenken konnten. Sie lebten in dem schönen Haus im Überfluß. Gut zu essen hatten sie auch, aber Banke war nicht zufrieden. Sie maulte nur.

Hanke fragte: «Was ist denn? Hast du noch nicht genug? Was willst du denn jetzt noch haben?»

«Das ist es eben», sagte sie. «Ich weiß nicht, was ich will.»

«Na, das verstehe ich nicht. Sag doch was!»

Aber nichts kam.

Endlich sagte Banke: «Weißt du was? Geh nur ans Wasser und sag dem Fisch, daß ich noch irgendetwas haben will. Dann muß der Fisch eben sagen, was es sein soll.»

«Du bist verrückt!» sagte Hanke.

Aber sie gab nicht nach, nölte und nörgelte so lange, bis Hanke wieder an die See ging. Wieder die gleiche Geschichte.

«Fischlein, Fischlein Trippentree
komme aus der See.
Meine Alte Hillebill
weiß nicht, was sie will!»

Der Fisch tauchte mit großen Augen und einem verdrießlichen Gesicht auf und fragte: «Was ist denn jetzt wieder?»

«Na ja», sagte Hanke. «Das ist so'ne Sache. Mein Weib Hillebill wünscht sich etwas.»

«Was denn?»

«Das weiß sie selber nicht.»

Da sprach der Fisch mit lauter Stimme:

«Dummkopf, Dummkopf,
kriech wieder in den alten Nachttopf!»

Weg war der Fisch. Hanke rannte nach Hause, und ach, was sah er? Dort stand Banke vor dem alten Pißpott und weinte. Alles Schöne war verschwunden.

Das kommt davon, wenn man nie zufrieden ist.

Du bist dumm . . .

Jan Mistfink

Eigentlich heißt einer in diesem Märchen Jan Säckel. Aber weil wir das als Kinder nicht hören durften, wurde Jan Mistfink daraus gemacht, und am besten bleiben wir dabei.

Jan Mistfink hatte eine Stiefmutter und zwei Stiefbrüder, und die Brüder wurden ihm immer vorgezogen. Er durfte nichts. Er mußte immer die sauerste und schmutzigste Arbeit im Hause verrichten. Er mußte in der Erde wühlen, die anderen hatten ein schönes Leben. Mütterchen verwöhnte die beiden nicht wenig, denn sie waren brave und gescheite Jungs, und Jan Mistfink verstand nicht viel.

Und dann lebte in der Stadt eine Königstochter, die sollte heiraten, aber sie konnte nie entscheiden, wie oder wen. Er bräuchte ihretwegen gar kein Prinz zu sein, wenn er nur ein Mann wäre, auf den sie etwas gab – kurz, sie konnte einfach nicht wählen.

Schließlich sagte der König: «So geht das nicht länger. Es wird höchste Zeit, daß du einen Mann bekommst. Weißt du was, wir wollen ein Turnier veranstalten mit allen Rittern des Landes auf ihren Pferden, und der Gewinner des Wettkampfes, der wird dein Gemahl werden.»

Da sagte also Mütterchen zu ihren klugen Jungs: «Das ist etwas für euch!» Denn sie meinte immer, ihre beiden wären die hübschesten, stärksten und gewandtesten auf der ganzen Welt.

«Darf ich auch mitmachen?» fragte Jan.

«Ach du, Mistfink», sagte sie. «Was willst du dort anfangen?»

Na ja, da hielt er lieber still, nicht wahr?

Der große Tag brach an. Die Jungs wurden schön ausstaffiert

und bekamen die besten Pferde aus dem Stall. Dann ritten sie davon. Die Stadt war schon voller Ritter und Edelleute mit ihren Knappen und ihrem Gefolge, einer immer schöner als der andere. Natürlich standen die Frauen den ganzen Tag unter der Tür und staunten und schauten, wer da alles kam, einer immer schöner als der andere.

Jan fragt noch einmal: «Darf ich auch aufs Fest?»

«Nein», sagt die Mutter. «Geh du nur aufs Land, Mist streuen.»

Nichts zu machen. Da geht er wieder aufs Land, die Holzschuhe an, die blaue Jacke an, die Mistforke auf der Schulter. Er verstreut den Mist. Aber er ist sehr traurig, daß er nicht mit durfte. Ganz in Gedanken gerät er an eine Stelle, wo er noch nie gewesen ist, und dort liegt ein riesengroßer Stein.

Also, er war nun mal ein kräftiger Bursche, das war das einzige, was er seinen Brüdern voraus hatte. Bärenstark ist er und denkt bei sich, da muß ich doch einmal nachschauen, so etwas habe ich noch nie gesehen. Mit äußerster Mühe schiebt er den Stein auf die Seite, und darunter ist eine große Öffnung, und eine Treppe führt in das Loch hinunter.

Na ja, mag sein, daß er nicht viel kann und nicht viel weiß, aber er fürchtet sich vor nichts. Er steigt gleich die Treppe hinunter und will sehen, was dort zu finden ist.

Er kommt in eine Kammer, die drei verschiedene Türen hat, und auf dem Tisch steht eine kleine Glocke. Schnell muß er das Glöcklein probieren: klingelingeling ... einen feinen silbernen Ton hat es. Die Tür geht auf, und ein goldbetreßter Diener tritt ein:

«Was wünschen der Herr? Was wünschen der Herr? Was wünschen der Herr?»

«Das weiß ich eigentlich selber nicht», sagt Jan Mistfink. «Aber zunächst möchte ich schöne Kleider und so. Ich will auch einmal ein Herr sein, wenn es nichts kostet und ich hier befehlen darf.»

Der Diener sagt: «Kommt nur mit!»

Durch die erste, die rechte Tür, gelangen sie in einen schönen

Saal mit prächtigen kupfernen Kandelabern und kristallenen Kronleuchtern. Alles blitzt und blinkt, und dort hängt eine mit kupfernen Tressen besetzte Uniform.

Sie paßt ihm sogar, und als er sie angelegt hat, fragt der Diener: «Mein Herr, soll ich das Pferd vorführen lassen?»

«Ach ja, bring nur her», sagt er.

Ein herrlich aufgezäumtes Roß wird gebracht, kupferne Schellen schmücken Sattel und Halfter.

Er stieg auf und sah aus wie der allerschönste Prinz. Ein prallgefüllter Geldbeutel wurde ihm noch überreicht, und dann jagte er aus der Höhle und galoppierte über das Land in die Stadt. Er reitet durch die Allee, und alle Menschen staunen und sagen: «Schau nur, schau, wer da kommt! Das ist der schönste Prinz, den wir bis jetzt gesehen haben. Ach, ist der schön, ist der schön!»

Kerzengerade sitzt er, die Peitsche in der einen und den Beutel in der anderen Hand. Und niemand sieht ihm an, daß er Jan Mistfink war. Er reitet an seinem Haus vorüber, seine Mutter steht unter der Tür und schaut bewundernd auf den Prinzen.

Mit Absicht läßt er die Peitsche fallen, seine Mutter beeilt sich, sie aufzuheben und sagt mit einer Verbeugung: «Bitte, Herr Prinz, Eure Peitsche.»

Jan Mistfink sagt: «Halte deine Schürze auf, Mütterchen!» Und er schüttet das ganze Kupfergeld aus dem Beutel in ihre Schürze. Freudestrahlend geht sie ins Haus, und Jan reitet noch eine Ehrenrunde.

Zwei Tage waren es noch bis zum Turnier, und er denkt, nun muß ich sehen, daß ich heimkomme. Er wendet. Das Pferd kennt ja den Weg und gelangt irgendwie wieder unter die Erde. Jan steigt die Treppe hinauf und legt den Stein über die Öffnung.

In seinen eigenen alten Mistkleidern geht er nach Hause und fragt: «Na, wie war es heute? War etwas Besonderes?»

«Ach», sagt die Mutter. «Es war so schön, das kannst du gar nicht fassen, Junge! Und dann ist ein Prinz durch die Stadt geritten, schön wie ein Märchen. Schau dir das an! Ich habe ihm seine Peitsche aufgehoben, und das ganze Geld, das hier auf dem Tisch liegt, habe ich von ihm bekommen.»

Weiter wurde nicht darüber geredet. Jan lachte sich ins Fäustchen, sagte aber nichts. Er kroch wieder in seine Ecke und legte sich bald schlafen.

Am zweiten Tag fragt er seine Stiefmutter: «Darf ich auch aufs Fest?» Sie sagt: «Junge, ich muß mich schämen, wenn die Leute dich sehen. Du hast gar keine sauberen Kleider. Geh du nur aufs Land, Mist streuen, das ist das einzige, was du kannst.»

Also stapft er wieder aufs Land, sucht die gleiche Stelle, steigt die Treppe hinab, und alles geschieht genauso wie das vorige Mal. Der Diener erscheint, und Jan meint, diesmal möchte er gerne das andere Zimmer sehen.

«Kommt nur mit, Herr», sagt der Diener. Der zweite Raum ist so ausgestattet wie der vorige, aber statt aus Kupfer ist hier alles aus Silber gefertigt. Kurz gesagt, er kriegt schließlich eine noch schönere Uniform, er bekommt eine silberne Peitsche und einen silbernen Beutel mit Silbergeld.

Schnell kleidet er sich um und reitet wieder durch die Stadt. Alle bewundern ihn, und an der gleichen Stelle läßt er die Peitsche fallen, und ja, seine Mutter dienert und knickst vor ihm. Sie hebt die Peitsche wieder auf, und er sagt: «Mütterchen, nimm nur!»

Das ganze Silbergeld aus dem Beutel schüttet er in ihre Schürze, sie ist außer Fassung und weiß nicht, was sie davon halten soll. Jan hat wieder seine Ehrenrunde geritten, ist zurückgekommen, hat die Arbeit fertig gemacht und kommt abends in seiner alten blauen Jacke und auf Holzschuhen nach Hause.

«Ich bin hundemüde», sagt er. «Und wie ist es euch heute ergangen?»

«Das wirst du kaum glauben», sagt die Frau. «Diesmal war ein Prinz da, der war noch schöner. Und schau – das habe ich bekommen!» Ganz erschüttert ist sie von all dem, was sie an diesem Tage erlebt hat.

Am dritten Tag sollte der Wettkampf stattfinden. Wohl wollen die Brüder noch mitmachen, aber sie meinen: «Neben solchen Prinzen, wie wir sie in den letzten Tagen gesehen haben, können wir nicht bestehen. Wir werden sehen, wie die Sache ausgeht.»

Jan wird wieder in seine Dachkammer gesteckt und muß anderntags hinaus aufs Land, denn die Frau würde sich schämen, wenn sie mit einem solch grindigen Jungen am Festtag Bekannten begegnen sollte.

Zum dritten Mal steigt er in die Erde hinab, läutet das Glöckchen auf dem Tisch. Der Diener erscheint, und Jan sagt: «Jetzt möchte ich sehen, was das dritte Zimmer enthält.»

Drei Türen führten in den dritten Saal, und alles war dort aufs allerschönste aus Gold gearbeitet. Er sagt: «Jetzt möchte ich alles aus Gold haben, und dann werde ich an dem Turnier teilnehmen.» Er zieht seine goldenen Kleider und seine goldene Uniform an, er besteigt das Pferd mit dem goldenen Zaumzeug, dem Schmuck und den goldenen Schellen, und jetzt, in Seide und Gold gekleidet, ist er wirklich der Schönste von allen, die durch die Straßen der Stadt reiten, um vor dem Turnier gesehen zu werden.

Zum dritten Mal läßt er seine Peitsche fallen und schenkt der Frau seine Goldstücke; sie hockt nur noch weinend auf der Türschwelle, sie weiß nicht, wie ihr geschieht.

Er hat an dem Wettkampf teilgenommen mit dem einzigen Talent, das er besaß: Er war so sattelfest, daß ihn niemand abwerfen konnte. So wurde ihm am Ende des Tages als dem großen Gewinner und dem großen, unbekannten Prinzen zugejubelt. Er gab aber genau acht, daß er niemals erzählte, wer er wäre.

Er wurde mit der Prinzessin vermählt und lebte noch lange und glücklich mit ihr in dem königlichen Palast. Seine Stiefmutter und seine eingebildeten Brüder haben nie erfahren, wo Jan Mistfink hingegangen und wo er geblieben ist.

Und die Katze mit der weißen Nasen
hat die Geschichte ausgeblasen.

Der dumme Hiske

Am Waldrand stand ein Hof, und dort lebte ein Bauer mit seinen drei Söhnen. Die Geschichte handelt aber von dem jüngsten, von Hiske.

Hiske war ein wenig eigen. Er hatte nicht große Lust zu arbeiten und riß sich kein Bein aus. Manchmal gebärdete er sich recht seltsam, und so hieß er nur: der dumme Hiske. Sie hatten es nicht leicht mit ihm, aber er wurde auch immer geschmäht und hintangesetzt, nie konnte er es jemandem recht machen.

Im Winter wurde bei dem Bauern gedroschen. Dann nahmen sie das Stroh, und aus dem schönsten Stroh wurde Dachstroh gebunden, schöne, große Bündel, mit bunten Bändern zusammengehalten. Die wurden in eine Ecke gestellt und später für das eigene Dach gebraucht oder als Bettstroh. Dann und wann wurde einiges verkauft.

Eines Tages aber merkt der Bauer, oha, es fehlt ein Bündel Dachstroh. Wie kann das angehen? Und das Scheunentor ist offen – das geht nicht mit rechten Dingen zu. Noch einmal und noch einmal geschah das gleiche, und dann stellte der Bauer mit Fleiß ein Bündel auf die Seite. Am anderen Morgen war das auch verschwunden.

Es mußte ein Dieb dagewesen sein, aber wie war das möglich, wie war der hereingekommen? Der Bauer verriegelte Tor und Türe jeden Abend sehr sorgfältig.

Sie beschließen, daß jemand bei dem Stroh Wache halten soll. Der älteste Bruder soll in der ersten Nacht wachen und versuchen, den Dieb zu ertappen. Aber ach, wie das so geht beim Bauern – immer viel Arbeit. Als er da sitzt, überfällt ihn eine große Müdigkeit, er schläft bald ein und wacht vor dem nächsten Morgen nicht auf. Es fehlt wieder ein Bündel Stroh.

In der folgenden Nacht versucht es der zweite, aber es ergeht ihm auch nicht besser. Der Dieb war auch dieses Mal gekommen.

Der Vater schalt und schimpfte mit seinen beiden Söhnen. Da sagten die: «Dann soll es Hiske doch versuchen, der schafft tagsüber nicht viel weg.»

Hiske sollte also in der dritten Nacht wachen, aber auch er schlief ein. Sie fanden ihn am anderen Morgen im Heu, und er schlief noch wie ein Sack. Es fehlte wieder ein Bündel Stroh.

Da sagte der Vater: «Das wollen wir besser anfangen. Wir binden dich ein in das Stroh. Du wachst dann schon auf, wenn einer kommt und das Bündel stiehlt.»

Abends wickelte er Hiske in ein Bund Stroh. Es wurde ein sehr dickes Bündel. Hiske konnte durch das Stroh hindurchschauen, aber von außen sahen sie ihn nicht.

Er schlief wieder ein, aber mitten in der Nacht wachte er wirklich auf. Er hörte etwas, und dann sah er ein kleines Männchen, einen Zwerg. Hiske konnte ihn kaum erkennen, er kroch aus dem Loch unter dem Heu hervor. Das Männchen packte das Strohbündel, worin Hiske versteckt war, und Hiske fürchtete sich so sehr, daß er sich nicht zu rühren wagte.

Er war mucksmäuschenstill, und so landete er mit dem Stroh auf dem Rücken des Zwerges. Auf ging die Tür, und der Zwerg huschte hinaus. Tanzend ging es durch den Wald. Hiske schlotterte vor Angst. Er wurde weit getragen, bis sie an ein großes Haus kamen. Der Zwerg, der dort wohnte, schloß auf, warf das Bündel in die Scheune und verschwand in der Wohnung.

Hiske wartete, bis alles still war, dann kroch er aus dem Stroh. Er sah sich um, der Mond schien hell, er konnte manches unterscheiden. Er öffnete eine Tür und staunte nicht schlecht! Dort standen vielerlei Wagen und Kutschen, und an der gegenüberliegenden Wand hing schönes Zaumzeug. Wie reich mußte dieses Männchen sein! Wieder eine Tür – da stand eine Viehherde.

Er ging ganz behutsam vor, öffnete aber eine weitere Tür. Und ach! Was mußte er sehen? Dort saß ein Mädchen am Spinnrad, das war so blaß, und die Tränen liefen ihr über die Wangen. Warum?

Das Mädchen legte den Finger an die Lippen und flüsterte: «Leise!» Sie zeigte auf das Alkovenbett. Auf Zehenspitzen schlich Hiske zu ihr hin, sie flüsterte wieder: «Sei leise! Wenn er aufwacht, ergeht es uns schlimm!»

«Was fehlt dir denn?» wollte Hiske wissen. Da erzählte sie ihm alles: «Ach, ich bin so unglücklich! Ich muß jede Nacht spinnen für den Unhold dort in dem Bett. Er stiehlt alles, was er braucht, zusammen. Mich hat er auch gestohlen. Ich bin eine Königstochter. Mein Vater wohnt in einem schönen Palast. Aber eines Nachts ist der Zwerg gekommen und hat mich mitgenommen. Nun sitze ich hier und darf nicht hinaus. Nacht für Nacht muß ich spinnen.»

Hiske dachte an den diebischen Taugenichts und wurde zornig. Er schaute nach dem Schrankbett, er hörte den Zwerg schnarchen. Da erblickte er ein großes Schwert, das neben dem Bett hing. Behutsam nahm er es von der Wand, zog es aus der Scheide. Dann schlug er mit aller Kraft nach dem Zwerg und trennte ihm mit einem Schlag den Kopf vom Rumpf. Das war ein garstiger Anblick. Jedoch die Prinzessin tanzte vor Freude. Nun war sie frei, der Unhold quälte sie nicht länger.

Am anderen Morgen wurde sogleich ein Bote zum König geschickt, seine Tochter wäre am Leben und käme nach Hause. Und Hiske kam natürlich mit. Im Palast wurde ein großes Fest gefeiert. Unterdessen war der Zwerg schon begraben worden, andere Leute versorgten das Vieh. Da gebot der König, daß Hiske, der so vieles vollbracht hatte, den ganzen Hof des Zwerges übernehmen sollte.

Hiske und die Prinzessin vermählten sich. Diesmal wurde im ganzen Land gefeiert. Sie zogen in das große Haus des Zwerges. Zuweilen dachte Hiske an seinen Vater und an seine Brüder. Er sehnte sich freilich nicht nach Hause – er konnte nicht recht vergessen, daß sie ihn immer so geschmäht hatten.

Aber dann sagte er doch einmal zu seiner Frau: «Ich möchte nach Hause und sehen, wie es dort geht. Weißt du was? Ich werde meine alten Kleider anziehen. Dann gehe ich durch den Wald und erzähle gar nichts. Und du mußt später nachkommen.»

Sie schmiedeten einen schönen Plan.

Hiske trödelte durch den Wald und stellte sich schließlich zwischen die Kühe an den Zaun. Eben öffnete sein Vater die Hintertüre und sah Hiske dort stehen. Das war eine Freude!

«Bist du da, mein Junge, schnell, komm herein!»

Seine Mutter kam dazu, und auch die Brüder liefen herbei. Alle freuten sich, daß Hiske wieder daheim war. Aber Hiske erzählte nichts, nicht was geschehen war. Er sagte nur, er sei im Wald umhergeirrt. Er sei wohl gestohlen worden, aber dann wäre er dem Dieb entkommen. Er malte eine ganze Geschichte dazu aus.

«Erst einmal abwarten, wie es so geht», dachte er, «ehe ich die Wahrheit berichte.»

Und ja, kaum war Hiske einige Tage zu Hause, da war es wieder das alte Lied: «Hiske, tu dies, Hiske tu das! Du Narr, hast wieder alles verkehrt gemacht!»

Er wurde nur geschimpft und gescholten. Es war die immer gleiche Geschichte vom dummen Hiske, der in der Ecke saß.

Aber eines Tages, als sie alle in der Stube versammelt waren, kam ein schöner Wagen gefahren, vier Pferde vorgespannt, Kutscher auf dem Bock. Die in der Stube sagten: «Was soll das? Schau, die Wagentüre geht auf. Oh, welch eine vornehme Dame steigt da aus – und sie kommt zu uns!»

Da sagten sie zu Hiske: «Verschwinde hier! Wir können dich nicht gebrauchen.»

Aber Hiske blieb ruhig in seiner Ecke sitzen. Die Dame trat ein und sagte, sie sei eine Prinzessin und wolle einmal die Bauern besuchen. Sie unterhielten sich eine Weile, und dann wollte die Prinzessin aufbrechen. Sie verabschiedete sich, und alle gaben ihr die Hand. Als aber Hiske an der Reihe war, gab er ihr einen Kuß.

«Rotzbub!» sagte seine Mutter. «Schämst du dich nicht?»

Hiske lachte, und die Prinzessin verließ das Haus. Sie setzte sich in den Wagen, ließ aber die Türe offen. Und da sahen sie, daß Hiske plötzlich zur Türe hinausrannte und sich neben die Prinzessin setzte. Das Gespann fuhr ab.

Hiske war seit der Zeit ein großer Mann. Später zog er mit der Prinzessin um in einen wunderschönen Palast.

Du bist ein Trottel!

Es war einmal ein Schiffer, der war faul, so faul; zu faul, um sich selbst am Hintern zu kratzen. Eines Tages hatten sie nichts mehr zu essen an Bord. Da suchte der Schiffer einen Wurm, steckte ihn an die Angel und angelte. Nach einer Weile wurde angebissen, und er zog einen dicken, fetten Aal an Bord.

«Da!» rief er seiner Frau zu. «Halt ihn fest und brate ihn!»

Sie packte den Aal, aber er biß sie in den kleinen Finger. Vor Schreck ließ sie ihn los, und er plumpste wieder in den Graben.

Der Mann sagte: «Du bist ein Trottel! Kein Wunder, daß wir so arm sind.»

Die Frau sagte nichts, steckte den kleinen Finger in den Mund und weinte.

Kurz darauf biß wieder ein Fisch an, und der Mann fing eine große Schleie. Er warf sie auf Deck und sagte zu seiner Frau: «Nimm sie und koche sie!»

Sie versuchte, den Fisch zu packen, aber er schlug mit seinem Schwanz auf ihren Daumen und sprang dann wieder ins Wasser.

«Hab ich's nicht gesagt? Du bist ein Trottel!» sagte der Mann. «Kein Wunder, daß wir hungern müssen!»

Die Frau sagte nichts, saß auf dem Schiffsrand und saugte an ihrem Daumen.

Gleich darauf fing der Schiffer einen großen goldenen Fisch.

«Nimm ihn und brate ihn!» sagte er zu seiner Frau.

Behutsam nahm sie den Fisch in die Hand, sie fand ihn so schön, daß sie nicht fest zuzupacken wagte. Der Fisch sprang ihr aus der Hand und plumpste ins Wasser zurück. Da warf der

Mann die Angel hin und sagte: «Du bist ein Trottel und wirst immer ein Trottel bleiben!» Dann sprang er an Land und legte sich schlafen.

Die Frau blieb auf dem Schiffsrand sitzen, die Finger im Mund, und weinte. Nach einer Weile holte sie aber die Angel und fing selbst zu angeln an. Nicht lange, so hatte sie denselben wunderschönen, goldenen Fisch am Haken.

Sie sagte: «Du bist auch ein Trottel, wie ich!» und wollte ihn schnell ins Wasser zurückwerfen. Aber der Fisch fing an zu reden:

«Nimm ein Messer und schuppe mich!»

Die Frau weinte: «Das kann ich nicht.»

Aber der Fisch sagte noch einmal: «Nimm ein Messer und schuppe mich!» Da nahm die Frau ein Messer und schuppte ihn. Als sie ihn aber sauber geschrappt hatte, übermannte sie doch wieder das Mitleid, und sie warf ihn in den Wassergraben.

Kaum berührte der Fisch das Wasser, da wuchsen ihm alle seine Schuppen wieder, aber die Schuppen, die von ihm abgeschabt waren und auf dem Schiff lagen, verwandelten sich in Goldtaler.

Seit der Zeit waren die beiden nie wieder arm. Und der Mann hat auch nie mehr «Du bist ein Trottel!» zu seiner Frau gesagt.

Die große Kröte

Ein König hatte ein hohes Alter erreicht. Die Königin lag ihm darum in den Ohren, das Regieren doch einem seiner Söhne zu überlassen, da es ihm allgemach zu schwer würde. Aber der König ließ sich nicht so leicht überreden, er gab das Zepter ungern aus den Händen.

Wem sollte er es übergeben?

Er hatte drei Söhne. Der älteste drängte sich gewaltig auf, und auch der jüngste war keineswegs abgeneigt. Nur der mittlere kümmerte sich nicht. Sanft und freundlich wie er war, kam er in seiner bequemen Art immer einen Schritt hinterdrein. Seine Brüder waren ihm weit überlegen. Der älteste trug die Nase hoch, er glaubte sich schon Kronprinz. Aber die Wahl war noch längst nicht entschieden. Der jüngste war ein eitler Stutzer, er wollte so gerne das Zepter führen wie sein Bruder.

Wer von beiden sollte König werden? Der Vater zählte den mittleren nicht mit, zwischen den beiden anderen hätte er am liebsten das Los geworfen. Aber er besann sich, der mittlere durfte nicht von vornherein ausgeschlossen werden.

Eines Tages rief er alle drei Söhne zu sich. «Hört», sprach er. «Ich habe beschlossen, zurückzutreten. Nun liegt es an euch, wer mein Nachfolger sein wird. Hier habe ich drei Federn in der Hand, die werde ich fliegen lassen. Erst eine – und der Älteste soll dort suchen, wohin sie fliegt. Dann die zweite für den Mittleren; und der Jüngste soll dort suchen, wohin die dritte Feder vom Winde getrieben wird. Jeder von euch soll mir einen Wandteppich bringen, wie sie unsere Burgen schmücken. Wer den schönsten gefunden hat, der wird an meiner Statt König.»

Die Brüder waren es zufrieden. «Ich bin der Erfahrenste», dachte der Älteste, «ich werde König.»

«Ich bin der Gerissenste», meinte der Jüngste, «ich werde König.»

Ob der Mittlere etwas dachte? Er sagte nichts. Binnen vierzehn Tagen sollten sie zurückkehren.

Jeder Prinz bestieg sein Pferd, sobald die Federn davongeflogen waren. Bald trennten sich ihre Wege. Die beiden Klugen galoppierten drauf los, sie meinten, ihr Glück in der Ferne suchen zu müssen. Aber der Mittlere nahm sich viel Zeit und unterhielt sich hier und dort mit den Leuten.

Der älteste Prinz erreicht als erster den schmalen Deich am Flußufer, und dort sitzt eine alte Frau auf einem Stein und weint. Den Prinzen kümmert's nicht, er will vorbeireiten, aber sie hält ihn an:

«Junge, hör Junge, kannst du mir nicht helfen?»

«Was denn?» fragt er.

«Ach», antwortet sie. «Spitzbuben haben meinen Korb mit Kaufware weggenommen und ins Wasser geworfen. Der Strom hat ihn auf die andere Seite getrieben. Ich kann nicht hinüber, das Wasser ist zu tief. Kannst du ihn nicht zu Pferd holen und mir wiederbringen?»

«Ach halt's Maul, alte Vettel, was jammerst du denn!» war alles, was der Prinz sagte. Er ritt weiter.

Am anderen Tag reitet der Jüngste denselben Pfad, da sitzt die Alte wieder und erzählt ihre Geschichte.

«Sei still, Heulsuse», fährt er sie an. «Glaubst du, ich will meine Zeit mit dir vergeuden? Eher hätte ich Lust, dich selbst ins Wasser zu schleudern!» Er gab seinem Pferd die Sporen.

Als wieder einen Tag später der mittlere Prinz gemächlich dahergeritten kam, saß sie immer noch jämmerlich weinend auf dem Stein.

«Was fehlt dir, Alte?» fragt er und hält sein Pferd an.

«Es ist schlimm!» klagt sie. «Spitzbuben haben meinen Korb ins Wasser getreten, und jetzt liegt er am anderen Ufer. Ich traue mich nicht in den Fluß.»

«Er ist aber nicht sehr tief», meint der Prinz.

«Für mich zu tief», sagt sie. «Und jetzt habe ich keine Ware mehr, und wie soll ich sie wiederbekommen? Ich kann nicht um den Fluß herumlaufen, und eine Brücke gibt es nicht.»

Der Prinz steigt vom Pferd und peilt das Wasser. «Stimmt», sagt er. «Der Fluß ist tiefer, als ich dachte.» Er sitzt wieder auf und lenkt das Pferd hinein, holt den Korb und bringt ihn der alten Frau.

Ach, sie ist so dankbar. «Aber eine Belohnung kann ich dir nicht geben», sagt sie. «Geld habe ich nicht.»

Der Prinz lacht: «Das habe ich auch nicht erwartet. Es lohnt die Mühe nicht!»

«Wohl will ich dir einen guten Rat geben», sagt die alte Frau und deutet mit der Hand. «In dieser Richtung mußt du weitergehen, dann wirst du schon sehen, was dir begegnet.»

«Ich weiß nicht», sagt er. «Dann verliere ich die Richtung, in die ich reiten soll.»

«Die findest du später schon wieder. Ich würde es an deiner Stelle tun. Dahin!»

«Vielleicht hat sie recht», dachte er bei sich. «Es macht mir nichts aus, ich habe noch fast vierzehn Tage Zeit.»

So ritt der mittlere Prinz in der Richtung weiter, die ihm die Alte gewiesen hatte. Ein schmaler Pfad führte durch eine felsige Gegend, und dort fand er einen hilflosen alten Mann, der vom Weg in einen Spalt hinabgeglitten war.

Tief war es nicht, aber der Alte konnte nicht allein an der steilen Kante hinaufklettern. Als er den Hilferuf vernahm, stieg der Prinz vom Pferd und sagte:

«Du hast dir einen wunderlichen Platz ausgesucht!»

«Ja», antwortete der alte Mann. «Ich will dir erzählen, wie ich hierhergeraten bin, aber dann mußt du mir erst hinaushelfen!»

Der Prinz beugte sich weit über den Rand, reichte dem Alten die Hand und zog ihn herauf.

Nun erzählte der alte Mann, was sich zugetragen hatte. Er hatte seine Schafe gehütet und eins davon war in den Spalt gefallen. Als ein junger Mann vorbeigeritten kam, hatte er ihn gebeten zu helfen, das Schaf herauszuheben, aber: «Keine Zeit – hilf dir selber – du hättest besser achtgeben sollen, daß es nicht hineinfällt», hatte der Reiter gesagt und war weitergeritten. Auch einen zweiten Reiter hatte er um Hilfe gebeten. «Freilich will ich dir helfen», hatte der gesagt, und der Alte freute sich schon. Aber der Junge hatte ihm einen Stoß versetzt, und mit den Worten: «So, jetzt könnt ihr euch fein unterhalten, du und dein Schaf», war er davongeritten.

Der Prinz schloß aus der Erzählung, daß das seine Brüder gewesen waren. Aber nun mußte das Schaf noch heraus, und sie konnten nicht so weit hinunterreichen. Deshalb ließ sich der Prinz an der Kante hinabgleiten und hob das Schaf so hoch, daß der Mann es greifen konnte. Dann zog der Alte auch ihn wieder aus dem Spalt.

«Das ist ein dicker Dorn aus dem Fuß», sagte der Alte. «Wie gerne würde ich dir eine Belohnung geben, aber ich besitze keinen Pfennig. Ich muß von einem kleinen Stückchen Acker und der Milch meiner Schafe leben. Wohl kann ich dir einen guten Rat geben. Sei klug und folge meinem Rat und reite in dieser Richtung weiter.»

Er zeigte mit der Hand.

«Du kommst auf einen recht schmalen Pfad, aber das Pferd kann dort gehen. An der schmalsten Stelle mußt du dein Pferd an einen Strauch binden, es liegen dort lauter flache Steine an der Seite. Den größten Stein mußt du suchen und aufheben, dann wirst du schon sehen, was dir begegnet.»

«Das kann ich ja tun», meinte der Prinz. Er verabschiedete sich von dem alten Mann und ritt den angedeuteten Weg weiter.

Schon bald machte der Weg einen Bogen und führte dahin, wo die Feder hingeflogen war.

An der schmalsten Stelle des Pfades sieht er die Steine und hat rasch den größten gefunden. Er hebt den Stein auf und erstarrt vor Schreck. Sitzt mir doch eine grausig dicke Kröte darunter! Schnell will er den Stein wieder fallen lassen.

«Halt! Warte einen Augenblick», sagt die Kröte. «Laß den Stein nicht fallen, ich habe einiges mit dir zu besprechen.»

Er entsetzt sich noch mehr, weil die Kröte reden kann. Aber er läßt den Stein nicht los, wenn's ihm auch noch so gruselt, und die Kröte kriecht darunter hervor und setzt sich neben ihn.

«Du suchst einen Wandteppich, nicht wahr?» fragt die Kröte.

«Woher weißt du das?»

«Das laß nur meine Sorge sein. Weil du mich hier gefunden hast – und ich habe schon erfahren, daß du der Übelste nicht bist – deshalb will ich dir helfen», sagt die Kröte. «Nur ein wenig Geduld, und ich werde dir einen Teppich besorgen, wie du dein Lebtag noch keinen gesehen hast.»

Die Kröte pfeift, da regt sich's unter der Erde, ein ganzer Pulk Kröten schleppt einen großen Teppich heran. Der Prinz faltet ihn auseinander, er traut seinen Augen kaum, so wunderschön ist der Teppich!

«So», sagt die Kröte. «Binde ihn hinter dir auf den Sattel des Pferdes und reite los. Die anderen Prinzen werden sich mühen müssen, einen so schönen Teppich vorzuzeigen.»

Das glaubte der Prinz auch.

Er kam im letzten Augenblick damit nach Hause, die vierzehn Tage waren eben um. Seine beiden Brüder waren schon da, und jeder hatte einen schönen Teppich mitgebracht. Die waren zwar verschieden, aber einer war nicht viel schöner als der andere. Der König wußte sich keinen Rat.

Um die Wahl herauszuzögern, hatte er gesagt: «Wir müssen doch noch auf euren Bruder warten.»

«Das ist kaum nötig», sagten die beiden, denn sie waren in großer Spannung. «Der kommt doch bloß mit einem Jutesack nach Hause, wenn er denn pünktlich ist.»

Aber am Abend, als die Frist zu Ende ging, erschien der Mittlere doch noch, einen großen Ballen Stoff hinter sich auf dem Pferd. Er faltete ihn auseinander, und oh, oh Wunder, der ganze Hofstaat, der dort versammelt war, schlug die Hände zusammen. Einen solchen Teppich hatten sie noch nie gesehen, die beiden anderen waren nichts dagegen. Dieser war viel größer, weit mehr glänzende und schimmernde Goldfäden waren hineinverwoben. Sie konnten sehen und fühlen, daß er nicht nur wunderschön, sondern auch unverwüstlich war.

Fragte der König: «Wo hast du den her?»

«Ach, das laßt nur meine Sorge sein», antwortete der Prinz. Denn die Kröte hatte ihn gewarnt: «Gib acht, daß du mit keinem Wort verlauten läßt, wo du den Teppich bekommen hast. Sonst ergeht es mir und dir schlecht.»

Und das hatte der Prinz ihr versprochen.

Der König ließ nicht nach, er wollte es wissen, aber der Prinz sagte: «Es war nicht ausbedungen, daß wir berichten sollten, wo wir ihn erworben haben.»

Damit hatte er recht, und der König mußte wohl dem Mittleren das Reich zusprechen.

Aber der Älteste wehrte sich: «Wie unsinnig», sagte er. «Er ist doch in allem bloß ein großer Narr. Und jetzt soll er auch noch König werden! Ihr müßt uns eine weitere Aufgabe stellen.»

Der Jüngste drängte auch dazu, er gab die Hoffnung noch nicht auf. Der Mittlere sagte nichts, aber der König war nicht abgeneigt.

Am nächsten Morgen sagte er: «Kinder, hier habe ich wieder drei Federn, die werde ich fliegen lassen. Jeder muß seiner Feder folgen. Und wer mir den schönsten Ring mitbringt, der wird König.»

Die Federn der Brüder flogen weit weg, die des mittleren aber blieb gleich neben dem Schloß liegen. «Recht so», dachten die beiden anderen, hier in der Nähe wohnt kein Goldschmied, der einen schönen Ring anfertigen kann, und wo sonst soll er hier auf dem steinigen Boden einen finden? Wohlgemut machten sie sich auf den Weg. Binnen vierzehn Tagen sollten alle mit ihrem Ring zurückkommen.

Der mittlere Prinz irrte zwar suchend herum, aber es waren schon zwölf Tage vergangen, und er hatte noch keinen Ring gefunden. «Diesmal verliere ich die Schlacht», dachte er schon.

Wie er so grübelnd auf einem Stein saß, fiel ihm die Kröte ein, die zu ihm gesagt hatte: «Wenn du in Bedrängnis gerätst, dann helfe ich dir.»

«Wenn heute abend alles ruhig ist, dann schleiche ich durch

die Wachen, springe auf mein Pferd und reite zu der Kröte!» dachte er.

«So, bist du schon da?» sagte die Kröte. «Ja, ja, du suchst einen Ring.»

«Weißt du das denn auch?»

«Ach ja», sagte die Kröte. «Was ich nicht weiß, ist kaum der Rede wert. Er liegt schon bereit, ich habe dich erwartet. Hier hast du den Ring, und jetzt mache, daß du wie der Blitz nach Hause kommst, ehe die Wache abgelöst wird. Du mußt noch schneller reiten als auf dem Wege hierher.»

Der Prinz dankte der Kröte, legte den Stein an seinen Platz und jagte davon. Just ehe die Wache abgelöst wurde, stand sein Pferd wieder im Stall.

Am anderen Tag fing er scheinbar wieder an zu suchen. Abends kam der Älteste mit einem Ring nach Hause, und am letzten Morgen war auch der Jüngste mit seinem Ring da. Sie stritten darüber, wie über die Teppiche. Der ganze Hofstaat hatte die Ringe schon betrachtet. Sie waren wunderschön, aber wessen Ring war der schönste?

Sie meinten schon: «Wir werden das Los werfen müssen.»

«Aber euer Bruder sucht doch noch», sagte einer aus dem Kreis.

«Ach», glaubte der Jüngste, «der findet hier doch nichts.»

Der mittlere Prinz tat freilich, als suche er eifrig, und erst, als die Sonne sank – er sollte vor Sonnenuntergang drinnen sein – betrat auch er das Schloß. Fast ein wenig schüchtern kam er daher.

«Der hat nichts», sagten sie. «Das war ja zu erwarten.»

Der König setzte sich an den Tisch. Der Hofstaat stand um ihn herum. Jeder der Söhne hatte ein seidenes Tüchlein bekommen, sie sollten den Ring darauf legen, auf den Tisch.

Der Älteste trat vor und «Oh!» und «Ach!», der Hofstaat brach wieder in Bewunderung aus. Prachtvoll war der Ring, er glänzte und glitzerte.

Der Jüngste kam, ehe er an der Reihe war, denn er meinte, der Mittlere habe doch nichts. Keck legte er seinen Ring auf den

Tisch, aber doch so weit von dem anderen entfernt, daß ein dritter dazwischen Platz hatte. Sie wußten es schon, dieser Ring war auch so schön.

Der eine sagte: «Dieser ist der schönste!» Der andere: «Der ist der schönste!» Wie eben das Licht darauf fiel. Sie waren mit dem König einig: «Hierüber muß das Los geworfen werden.»

Der Mittlere war verlegen stehen geblieben.

Sprach der König: «Komm, zeige uns auch, was du gefunden hast.»

Da trat er vor, legte das Seidentüchlein auf den Tisch und den Ring darauf, zwischen die beiden anderen Ringe. Niemand sprach ein Wort, alle waren überwältigt. Der Ring leuchtete so, daß die beiden anderen Ringe daneben verblaßten. Man sah sie gar nicht, so sehr glänzte und sprühte der mittlere. Der König hatte keine andere Wahl, er mußte seinem zweiten Sohn die Königswürde zusprechen.

Aber in seinem Herzen zürnte er, und die beiden anderen Prinzen auch. Der Älteste schwieg. «Beide Male ist es mir mißlungen, ich verzichte lieber», dachte er und verließ den Saal.

Der Jüngste aber führte das höchste Wort: «Es ist purer Zufall, daß ein solcher Ring hier in der Erde verborgen lag. Soll deshalb ein solcher Nichtsnutz das Reich erben?»

«Halt mal!» erwiderten einige aus dem Hofstaat. «Jetzt hat er es doch ehrlich verdient.»

Andere dagegen, die dem Jüngsten zugetan waren, gaben ihm recht, und der König zauderte.

«Ich werde eine dritte und letzte Aufgabe stellen», sagte er. Der Jüngste spielte seine höchste Karte aus: «Hier wird ein Königreich vergeben, aber wo ein König ist, muß auch eine Königin sein. Wie, wenn es darum ginge, wer die schönste Prinzessin bringt?»

Ja, das gefiel dem König sehr.

«Schaut», sagte er am anderen Morgen. «Hier habe ich wieder drei Federn. Wer nun seiner Feder folgt und mit der schönsten Prinzessin nach Hause kommt, der wird ohne Verzug König.»

Diesmal hatten sie drei Wochen Zeit. Die Brüder waren zuversichtlich, wußten sie doch, daß der mittlere nicht sehr beherzt war bei den Mädchen. Bei den Hoffesten schnappten sie ihm immer die schönsten Fräulein vor der Nase weg, dann mußte er mit den Mauerblümchen tanzen. Wie sollte er mit einer schönen Prinzessin zurückkommen? Bestenfalls brächte er eine graue Maus mit. Munter ritt ein jeder seiner Feder nach.

Der Mittlere hatte nichts gesagt. Er beeilte sich nicht sehr, aber er machte sich doch wieder auf den Weg zu der Kröte. Er hob den Stein auf, und dort saß die Kröte.

«Junge, bist du da? Du hättest ruhig früher kommen können.»

«War es dringend?»

«Ach nein, aber ich freue mich, daß du gekommen bist. Du steckst wieder in großen Schwierigkeiten, nicht wahr? Das ist gar nicht schlimm – ich habe für alles gesorgt. Schau, hier hast du eine Steckrübe, daraus mußt du einen Wagen schnitzen, eine Art Kutsche, wie du sie dir selbst vorstellst. Wenn du fertig bist, mußt du sie auf diesen Stein legen, darfst den Stein aber nicht aufheben! Am zwölften Tag kommst du dann wieder. In der Zwischenzeit mußt du die alte Frau und den alten Mann suchen – du weißt ja, denen du geholfen hast. Die zwei mußt du zur Hochzeit einladen, darauf bestehe ich.»

«Wird alles gemacht!» sagte der Prinz.

Er setzte sich und schnippelte recht und schlecht eine kleine Kutsche aus der Rübe. Die legte er auf den Stein und ging über Land, um die beiden alten Menschen zu suchen, aber die saßen nicht mehr dort, wo er sie verlassen hatte. Den alten Mann fand er recht bald, aber die Frau war mit ihrer Ware hausieren gegangen. Nach langem Suchen fand er sie. Er richtete seine Botschaft aus, und die alten Leute freuten sich sehr über die Einladung, so etwas erlebten sie sonst nie.

An dem verabredeten Tag kommt er kurz vor Mittag wieder zu dem Stein, und dort sitzt die große Kröte, aber die Kutsche ist weg.

«Schön, daß du so pünktlich bist», sagt sie. «Wir können noch vor dem Abend ankommen. Ich habe erfahren, daß deine beiden Brüder schon mit einer Prinzessin auf dem Wege nach Hause sind. Es wird also auch für dich Zeit, wir dürfen nicht säumen.»

Die Kröte hatte die kleine Kutsche unter den Stein gezogen, und als der Prinz kam, wurde sie wieder zum Vorschein geholt und vor dem Stein aufgestellt. Der Prinz sah wohl, daß es unter dem Stein von Kröten und Mäusen nur so wimmelte. Sie drängten sich und eilten hin und her – unter dem Stein war eine große Höhle.

Die große Kröte schaut sich jetzt um, packt eine von den kleineren Kröten und setzt sie in die Kutsche. Auf ein Zeichen kommen sechs Mäuse heran und werden vor die Kutsche gespannt. Eine andere Kröte wird auf den Bock gesetzt, wieder eine andere klettert selbst hinauf und setzt sich daneben. Die große Kröte schiebt die Kutsche ein wenig nach vorne und sagt zum Prinzen: «Nun mußt du die Augen kurz schließen – zu und auf!»

Der Prinz schließt die Augen und öffnet sie wieder: Dort stehen sechs prächtige Schimmel vor einer Prunkkutsche, schön wie ein Wunderwerk. Der Kutscher sitzt auf dem Bock und ein reich gekleideter Mann neben ihm.

Der Prinz schaut genau hin: «Mir ist, als hätte ich dich schon früher gesehen.»

Aber am meisten fesselt ihn der Anblick der Prinzessin, die in der Kutsche sitzt. Und hinten in der Kutsche sitzt eine vornehme Dame.

Während der Prinz dies alles etwas entgeistert betrachtet, richtet die vornehme Dame sich auf und fragt: «Du schaust so verwundert um dich. Entdeckst du etwa Ähnlichkeiten?»

«Ja, die sehe ich. Denn der Mann neben dem Kutscher ähnelt dem Alten, dessen Schaf ich aus dem Spalt gezogen habe.»

«Du hast recht», sagt sie.

«Und Ihr, meine Dame, ähnelt selber der Alten mit dem Korb, dort am Flußufer.»

«Auch das stimmt», sagt sie.

«Und ich war die Kröte. In unserem Heimatland wurden wir

von einer bösen Hexe verwünscht, und so kamen wir hierher. Ich sollte drei Stunden eine Kröte sein und drei Stunden eine Krämerin, aber mein Gatte – er ist der König – verwandelte sich nicht, er blieb den ganzen Tag ein alter Mann. Als du mich verließest, bin ich rasch übers Feld gelaufen und unter diesen Stein gekrochen, denn ich wußte, daß der Alte – mein Gatte – dich hierher schicken würde. Nur durch die Hilfe eines Prinzen konnten wir erlöst werden. Du hast uns geholfen. Und jetzt, da der Zauber gebrochen ist, kommt alles unter dem Stein hervor. Warte nur, es kommen noch mehr Menschen.»

Es wimmelte freilich noch immer von Kröten und Mäusen.

«Es ist höchste Zeit, daß wir fahren», sagt die Dame.

«Ich werde voranreiten», meint der Prinz. «Der Weg ist hier noch sehr schmal, später reite ich dann neben der Kutsche.»

Sie fuhren los, und als sie auf einen breiteren Weg kamen, schaute sich der Prinz um. Er glaubte seinen Augen kaum. Ein ganzer Zug folgte ihnen: Ritter mit großen Helmbüschen, glänzenden Rüstungen, gerolltem Banner. Jungfrauen ritten dazwischen. Aber noch viel mehr Menschen folgten ihnen, Musikanten und ein ganzes Heer Soldaten, er konnte kein Ende sehen.

Die Leute, die auf dem Acker arbeiteten, warfen ihr Gerät hin, schlüpften schnell in eine andere Hose und zogen hinterdrein. Sie sagten: «Hier ist etwas Besonderes. Das dürfen wir uns nicht entgehen lassen!»

Vor den Toren der Stadt halten alle an. Der König steigt von dem Bock und setzt sich neben die Königin. Der Kutscher rückt in die Mitte, die Musikanten sollen vorangehen, und zwölf Ritter reiten vorneweg. Die Soldaten bleiben außerhalb der Stadt und errichten dort ihr Lager.

Nun setzt sich der Zug wieder in Bewegung. Als sie das Tor erreichen, beginnt die Musik. Sie schmettert über die Felder, das hören sogar die im Schloß. Was mag da wohl kommen? denken sie.

Im Schloß war auch nicht alles beim alten geblieben. Der älteste Sohn war am Vorabend gekommen. Auch mit einer Prinzessin in einer Kutsche. Aber er hatte nicht viel Aufhebens gemacht, denn sie besaß kein so großes Gefolge. Der Jüngste war am Morgen gekommen, er brachte eine bildhübsche Braut mit, und der Älteste sah wohl, daß die Prinzessin seiner Wahl nicht gegen diese antreten konnte. Er überlegte, daß er nun ausgestochen wäre. Der Jüngste sah sich schon auf dem Thron, er wartete nur noch auf die graue Maus des Mittleren. Als er aber die Musik hörte, erblaßte er. Dies war etwas ganz Besonderes, das begriff er schnell.

Als sie gegen Mittag in die Stadt einzogen, übernahm ein Knappe das Pferd des Prinzen, er selbst setzte sich neben die Prinzessin in die Kutsche. Los ging's mit fliegenden Fahnen.

Eine große Volksmenge folgte ihnen. Die Leute jubelten und schrien, was sie nur konnten. Wer aus dem Schloß einen Platz auf dem Balkon finden konnte, stand dort, die anderen hingen aus den Fenstern. Der Zug kam durch die Hauptstraße, und als er das Schloß fast erreicht hatte, legte die Musik noch etwas zu. Vor dem Schloß hielt der Zug. Die Ritter stiegen von den Pferden und warfen den Knappen die Zügel zu. Die Jungfrauen wurden aus dem Sattel gehoben, sie nahmen die Schleppe der Prinzessin auf, und so ging es die Treppe zum Palast hinan.

Der älteste Sohn hatte genug gesehen und zog sich zurück. Der Jüngste hatte auch bald gemerkt, daß seine Prinzessin, so schön sie war, sich mit der grauen Maus des Mittleren bei weitem nicht messen konnte. Er schaute verstohlen zu und dachte: «Warte nur, er ist noch nicht König, wenn er diesen Streich auch wieder gewonnen hat; dem werde ich einen Riegel vorschieben.» Als er aber hörte, wie ein Bote dem König meldete, ein Heer von Soldaten habe außerhalb der Stadt seine Zelte aufgeschlagen, da begrub er lieber seine Pläne und spielte schön Wetter.

Der alte König mochte wollen oder nicht, er mußte erscheinen. Er empfing den fremden König und die Königin, und als er vernahm, aus welchem Land sie stammten, fiel ihm ein, daß sich dort wohl einmal etwas Seltsames zugetragen haben sollte, aber Genaues wußte er nicht. Das Land lag zu weit entfernt.

Nun stellte der fremde König seine Tochter als Braut des

mittleren Prinzen vor. Da mußte der alte König Miene machen, als sei er recht einverstanden, und so geriet der Empfang zu einem Festakt im Thronsaal. Nach Ablauf ließ der alte König durch Herolde ausrufen, er werde am nächsten Tag abdanken und sein mittlerer Sohn solle ihm nachfolgen. Und der Vater der Braut bestand darauf, daß das junge Paar baldmöglichst getraut würde.

So war nach drei Tagen Hochzeit. Entlang der Straße zur Kirche standen die Soldaten Spalier, und am Eingang und Ausgang bildeten Ritter eine Ehrenwache. So etwas Schönes hatten die Städter noch nie erlebt. Sie saßen auf Balkonen und Dächern, daß ihnen nur ja nichts entginge. Hochzeit und Krönung waren ein rauschendes Fest. Das Volk wurde bewirtet, und abends brannten große Freudenfeuer mit Bengalischen Fakkeln.

Nach Ablauf der Feierlichkeiten reiste der älteste Sohn in das Land, aus dem seine Prinzessin stammte. Dort ist er später König geworden. Auch der jüngste Prinz zog bald in das Reich, wo er seine Braut gefunden hatte.

Nun war also der mittlere Prinz König geworden, und er regierte sehr zur Zufriedenheit des Volkes. Es mochte ihn lieber als seine grausamen und mißlaunischen Brüder. Er, der Mittlere, war umgänglicher.

Trotzdem wurde das Land vorbildlich regiert – er wählte seine Minister mit Bedacht. Vormals hatten die Könige angrenzender Länder noch manchen Überfall gewagt, jetzt ließen sie das lieber bleiben, denn der junge König hatte einen Teil des Heeres von seinem Schwiegervater überlassen bekommen, und dessen Soldaten waren besser geübt und bewaffnet als die anderen.

Er lebte lange und glücklich mit seiner Königin, niemand hat jemals etwas von der Verzauberung erfahren. Allen Betroffenen wurde tiefes Schweigen auferlegt, und sie hätten es doch auch selber nicht gerne zugegeben.

Wenn ich sie also jetzt nicht erzählt hätte, so hätte niemand je diese Geschichte vernommen.

Von Hexen und Teufelsbrut

Der Mann ohne Schatten

Ein junger Kerl lebte auf der Heide, ein tüchtiger, arbeitsamer Bursche. Aber was sollte aus ihm werden? Er hatte kein Handwerk gelernt und würde es wohl nie weiter bringen denn zum Hilfsarbeiter. In jungen Jahren kümmerte ihn das nicht. Freunde hatte er genug, und wenn er etwas verdient hatte, setzte er das Glas nicht eher ab, bis er den letzten Pfennig vertrunken hatte.

Als er bald zwanzig Jahre alt war, begegnete er auf seinem Weg über die Heide einem auffallend schönen Mädchen. Lange, dunkelbraune Locken hatte sie, schneeweiße Zähne und Grübchen, wenn sie lachte. Er kam mit ihr ins Gespräch und begleitete sie ein Stück Wegs.

Sie erzählte ihm, daß sie am anderen Abend wieder diesen Weg gehen würde, und nun ja, der Bursche meinte, sie könnten sich dann doch wieder treffen. So gingen sie eine Zeitlang miteinander, und das Mädchen deutete ihm an, daß sie zu mehr geneigt sei als nur zum Spazierengehen. Er solle sie doch einmal zu Hause besuchen, dann könne er auch ihre Eltern kennenlernen.

In der kurzen Zeit, die sie sich kannten, hatte der Bursche groß angegeben über alles, was er wäre und täte. Nach seinen Prahlereien hätte er morgen schon ein nagelneues Haus im Dorfe bauen können. Sie glaubte ihm alles, und er besaß keinen roten Heller. Aber er hatte sich in das Mädchen verliebt, und nun reute ihn sein Pochen und Prahlen.

Spät am Abend brachte er sie nach Hause, und er mußte ihr versprechen, daß er noch in dieser Woche ihren Vater aufsuchen werde. Ihr Vater war ein reicher Mann, der sich in einem neuen Haus am anderen Ende des Dorfes zur Ruhe gesetzt hatte.

Auf dem Heimweg quälte ihn der Gedanke, daß er das Mädchen wohl verlieren würde. Er setzte sich auf einen Stein und stieß einen derben Fluch aus, um sein Herz zu erleichtern. Da hörte er Schritte, und in der Dämmerung sah er einen Mann in einem weiten, grauen Mantel auf sich zukommen.

Der Mann blieb vor dem Burschen stehen: «Mit Fluchen und Lästern kannst du dir nicht mehr aus der Patsche helfen, Freundchen! Wenn der Vater deines Mädchens erfährt, daß du nichts bist als ein Schwätzer und Prasser, jagt er dir einen Schrotschuß in den Hintern.»

Fassungslos hörte der Bursche zu. Wie konnte der Kerl wissen, wo ihn der Schuh drückte?

Der Fremde lachte: «Du wunderst dich, woher ich das weiß. Ich weiß viel – mehr als die Menschen denken. Aber was soll's? Ich will dich reich machen, damit du dein Mädchen bekommst.»

Der Junge wollte wissen, wen er vor sich hatte, aber der Mann sagte nur: «Wenn du mit mir einen Handel abschließen willst, mußt du morgen Schlag zwölf zu der Sandplatte auf der Heide kommen. Dort liegen unter den drei Birken sieben Steine. Ich werde dich erwarten, wenn du allein kommst.»

Ehe der Bursche noch etwas sagen konnte, wandte der Mann sich ab, eine dunkle Wolke schob sich vor den Mond, und in der Ferne leuchtete ein Blitz auf. Als er nach Hause lief, meinte der Bursche, geträumt zu haben. Das gab's doch nicht!

Er konnte in der Nacht nicht schlafen und war schon in aller Frühe auf den Beinen. Die Zeit schlich dahin, und lange vor Mittag war er auf der Heide. Die Sandplatte kannte er. Alte Menschen erzählten, daß dort die Hexen sich versammelten und daß man Feuer gesehen und ein jämmerliches Heulen und Knirschen gehört hätte. Sie mieden die Stelle. Dem Burschen war aufgegangen, daß er am vorigen Abend mit dem Teufel selbst gesprochen hatte, aber er wollte und sollte das Mädchen haben, notfalls mit Hilfe des Bösen.

Er setzte sich auf einen der sieben Steine, die dort, halb im Sand vergraben, in einem großen Kreise lagen. In der Mitte standen die drei Birken, gänzlich ineinander verschlungen und verwachsen. Er döste in der Hitze vor sich hin, als plötzlich ein Wirbel über die Heide zog. Erschrocken riß er die Augen auf, und dort stand der Mann im grauen Mantel vor ihm. Ein dünner Ziegenbart hing ihm herab, und unter struppigen Brauen glühten seine Augen.

Jetzt, da sie ins Geschäft kommen sollten, war's dem Jungen doch mulmig zumute. Wenn man sich mit dem Teufel einläßt, regt sich auch die Hölle.

Der Teufel lachte: «Junge, Junge, du hast Fledermäuse im Kopf. Du schaust mich an, als wollte ich dich in die Hölle schleifen. Ich kenne das schon, die Leute haben dir gewiß Greueltaten von mir erzählt. Aber in der Not lernt man seine Freunde kennen. Kannst du dich jetzt auf einen deiner Kameraden verlassen? Nein. Aber ich habe meinen Spaß an Menschen, die es wagen zu leben – ich will dir helfen. Aber gern oder nicht; es gibt noch andere, die Hilfe brauchen.»

Der Teufel hob grinsend die Hand und wandte sich ab. ‹Es kann doch wohl nicht schaden, mit dem Teufel zu reden›, dachte der Junge. Er rief den Teufel zurück, und dieser setzte sich neben ihn auf einen Stein. Nach einem kurzen Schweigen fragte der Junge: «Was wolltet Ihr denn für mich tun?»

«Ach», sagte der Teufel, «ich dachte, ein Schubkarren voller Goldstücke, das wäre doch ein hübsches Polsterchen. Und wenn du dazu ein großes Grundstück von einem Großonkel erben würdest, mit einem fast neuen Altenteil darauf, dann wärst du vorerst wohl aus der Klemme, oder? Außerdem fielen dir noch die jährlichen Zinsen von dem Kapital zu, das dir gehört.»

Der Bursche schaute ihn mit großen Augen an: «Ist das euer Ernst? Mann, dann wäre ich aus der Klemme und könnte heiraten!»

Der Teufel nickte nur und wartete, ob der Junge anbeißen würde. Der bedachte sich eine Weile und fragte dann: «Aber nichts ist umsonst. Was soll ich tun, oder was wollt Ihr von mir?»

«Ich habe schon gesagt, daß ich dir helfen wollte», antwortete der Teufel. «Was das kostet, ist kaum der Rede wert. Du hast noch nie etwas damit anfangen können, und es hat dir noch nie einen Gewinn gebracht. Alles, was ich aufzählte, kannst du haben für deinen Schatten.»

Der Junge mußte lachen. Steinreich sollte er werden, lediglich für seinen Schatten? Da gab es nichts zu überlegen.

«Abgemacht!» sagte er zum Teufel. «Ihr bekommt meinen Schatten für alles, was Ihr mir versprochen habt.»

Der Teufel sagte: «Geschäft ist Geschäft. Ich brauche das rot auf weiß. Dann kann ich mich darauf verlassen.»

Er nahm ein Blatt Papier aus der Tasche und griff nach der Gänsefeder hinter seinem Ohr. «Hier ist unser Vertrag. Lies ihn durch und unterschreibe dann auf dieser Seite. Ich habe auf der anderen Seite schon unterschrieben.» Der Bursche sah auf das Blatt, konnte aber kein Wort lesen. Ohne sich zu bedenken, malte er sein Kreuzchen.

«Und jetzt?» fragte er. «Jetzt ist es gleich fertig», sagte der Teufel, kniete hin, packte den Schatten des Burschen, der auf dem Sand lag, am Kopfende und fing an, ihn aufzurollen. Als er zu den Füßen kam, zog er ein Messer aus der Tasche und schnitt ihn an den Sohlen der Holzschuhe ab. Dann steckte er den aufgerollten Schatten in die Manteltasche und verschwand in einem Wirbelwind.

Der Junge erschrak und tat einen Schritt zurück. Aber es stand etwas hinter ihm – er fiel rücklings in einen Schubkarren voller Goldstücke. Er riß einige Büschel aus der Heide, deckte sie über das Geld und fuhr den Karren so schnell wie er konnte nach Hause.

Die Sonne schien auf seinen Rücken, und es mutete seltsam an, daß er keinerlei Schatten mehr hatte. Ein Hund, den er unterwegs traf, legte die Ohren an und floh mit eingezogenem Schwanz jaulend vor ihm. Sonst hatte der Hund ihn immer schwanzwedelnd begrüßt, dachte der Bursche verwundert. In

der Nähe seines Hauses weideten die Kühe seines Nachbarn. Als sie ihn erblickten, streckten sie die Schwänze in die Höhe und fingen an, so greulich zu muhen und zu brüllen, daß der Nachbar schimpfend und fluchend aus der Türe gerannt kam.

Der Junge erreichte seinen Hofplatz, da flatterten die Hühner gegen den Zaun, und die Kaninchen versuchten, sich in die Erde zu vergraben. In seiner Wohnstube fiel eine tote Krähe aus dem Kamin, und die Spatzen verließen ihre Nester unter dem Dach. Den ganzen Abend zählte er Geld, denn es lagen mehr als tausend Goldstücke in dem Karren. Er vergrub sie unter dem Herdstein und legte sich schlafen, aber die ganze Nacht quälten ihn schwere Alpträume.

Müde und unausgeschlafen kroch er aus seinem Bett, als an die Tür geklopft wurde. Draußen stand der Gendarm mit einem großen Hund. Als er den Riegel wegschob und die Tür öffnete, fing der Hund an zu zittern wie ein Schoßhündchen und kroch rückwärts. Der Gendarm wunderte sich, richtete aber aus, der Junge möchte rasch zum Bürgermeister kommen, der eine dringende Nachricht für ihn hätte.

Auf dem Amt erklärte der Bürgermeister, daß der Großonkel des Jungen, der vor langer Zeit ins Ausland verzogen war, gestorben wäre und ihm alles nachgelassen hätte. Viel Land mit Häusern und Höfen gehörte ihm jetzt. Dazu kämen die Zinsen eines großen Kapitals. Neben dem Bürgermeister stünde er jetzt als einer der reichsten Mitglieder der Gemeinde da. Der Bursche freute sich; jetzt wagte er, seinem Mädchen und ihrem Vater unter die Augen zu kommen.

Draußen sah er das Mädchen eben auf sich zukommen, ein Hündchen auf dem Arm. Bei seinem Anblick bekam das Hündchen aber eine Staupe und lag tot in ihren Händen. Sie erschrak und ließ es fallen, und da sah sie, daß ihr Junge keinen Schatten mehr hatte. Es war, als scheine die Sonne einfach durch ihn hindurch.

Sie sah ihn an: «Heute abend werde ich zur gewohnten Zeit auf dem Weg über die Heide sein. Wir müssen miteinander sprechen.»

Abends gingen sie zusammen über die Heide, Eulen und Fledermäuse umschwärmten sie, überall heulten und jaulten die Hunde.

Der Junge erzählte seinem Mädchen alles, was geschehen war, und sie ließ ihn sich aussprechen. «Mein großer Dummkopf», sagte sie dann. «Was kümmert es mich, daß du nicht reich bist – ich liebe dich, weil du es bist. Du hast das Dümmste getan, was du tun konntest. Jetzt hat der Teufel dich fest an der Leine. Du hast nicht nur deinen Schatten verloren, es kann auch kein gutes Tier mehr neben dir leben. Alle sterben vor Angst. Kein Mensch kann neben dir glücklich sein. Das müssen wir ändern – laß mich mal überlegen.»

Das Mädchen ließ sich noch einmal genau darlegen, was der Teufel alles gesagt hatte, und fragte dann: «Hat er dir eine nahezu neue Altenwohnung versprochen? Ist die in der Erbschaft drin?»

Darüber hatte der Bürgermeister nichts gesagt, und das Mädchen band ihm aufs Herz, genau zu tun, was sie ihm sagte. Er sollte am nächsten Tag um zwölf Uhr wieder auf die Heide zu der Stelle gehen, wo er den Pakt mit dem Teufel geschlossen hatte, und ihn rufen. Wenn er käme, sollte er sich beklagen, daß das Altenteil nicht dabei wäre.

«Sag ihm nur, daß ich dich geschickt habe», sagte sie. «Und grüße ihn von mir. Wenn der Teufel dann fragt, ob ich von dem Handel weiß, sagst du, daß ich alles erfahren habe und daß ich auch wohl mit ihm ins Geschäft kommen möchte. Sag ihm, daß ich meinen Schatten zu den gleichen Bedingungen abgeben will.»

Der Bursche brauste auf: Das könne er nicht zulassen, lieber führe er selbst in die Hölle. Aber sie beschwichtigte ihn, er sollte alles ihr überlassen. Nur müßte er ihr genau berichten, was der Teufel gesagt hätte.

Am anderen Tag ging er zu der Sandplatte, und als er zur Mittagsstunde den Teufel rief, wirbelte dieser wieder heran.

Der Bursche beklagte sich über die fehlende Altenwohnung und sagte, daß sein Mädchen so nicht zufrieden wäre. Er hätte ihr von der Abmachung erzählt, und sonst wäre sie mit allem einverstanden – sie wolle auch selbst mit dem Teufel ins Geschäft kommen.

«Das ist gut möglich», sagte der Teufel, aber da fing der Junge an zu toben und schrie, er solle die Hände von seinem Mädchen lassen. Der Teufel ließ ihn ausrasen und meinte dann grinsend, das Mädchen wäre doch alt und klug genug, um auf sich selbst aufzupassen. Wenn sie nicht herkäme, würde er sie aufsuchen. Das mit dem Haus käme schon in Ordnung. Das regelten die Notare unter seiner Anleitung.

Der Junge erzählte seinem Mädchen Wort für Wort, was der Teufel gesagt hatte. Er sträubte sich sehr, als sie vorschlug, am anderen Tag nach dem Teufelsplatz auf die Heide zu gehen, aber sie setzte ihren Willen durch. Er mußte ihr folgen und alles weitere abwarten.

Der Bursche rief den Teufel herbei. Als dieser aus dem Wirbelwind heraustrat, zog er mit Schwung seinen Hut vor dem Mädchen. Mit vielen Komplimenten und Schmeicheleien lud er sie ein, auf einem der Steine Platz zu nehmen. Noch nie hätte er so gerne gehandelt, sagte er.

Das Mädchen stellte sich schüchtern und drehte verlegen an ihren Haaren. Von ihrem Freund hätte der Teufel gehört, daß sie ihren Schatten auch verkaufen wollte? Nun, er bot ihr das Doppelte von dem, was der Junge bekommen hatte. Einen Himmel auf Erden versprach er ihr. Der Junge wollte sich wieder einmischen, aber das Mädchen hieß ihn zu schweigen. Sie sei alt genug, auf sich selbst aufzupassen.

Dann wandte sie sich an den Teufel: «Ich kann gut ohne Schatten leben», sagte sie. «Aber ich fürchte mich vor dem Wegnehmen. Das tut gewiß sehr weh?»

«Das spürt man ganz und gar nicht», sagte der Teufel. «Frage nur deinen Freund.»

Aber sie brütete vor sich hin, und was der Teufel auch anstellte, sie schüttelte nur den Kopf, sie habe Angst. «Ich würde ja gerne», sagte sie. «Könnt ihr mir nicht vorher zeigen, wie das zugeht?»

Der Teufel überlegte: «Gegen ihren Willen kann ich ihr den Schatten nicht wegnehmen, aber den anderen habe ich schon. Wenn ich diesem großen Tölpel seinen Schatten einen Augenblick wieder anhefte, dann kann ich ihr zeigen, wie ich ihn aufrolle, und es ist noch gar nichts verloren. Ich erschnappe sie auch!»

«Top!» sagte er. «Ich werde dir zeigen, daß es gar nichts auf sich hat.» Er holte den zusammengerollten Schatten des Jungen aus seiner Innentasche, klebte das eine Ende mit seinem Daumen wieder an die Holzschuhe und rollte den ganzen Schatten flach auf den Boden aus. «Schau doch nur», sagte er zu dem Mädchen, «es ist ganz einfach!»

«Und es blutet nicht?»

«Nein, guck nach!»

Das Mädchen kam näher, kniete neben dem Schatten hin und heftete das Kopfende mit einem goldenen Kreuzchen, das sie einst von ihrer Großmutter bekommen hatte, an den Boden fest.

Der Teufel stieß einen Fluch aus, als er das Kreuzchen in dem Schatten erblickte, und fing an zu rasen und zu toben. Er wollte den Schatten des Burschen aufheben, aber als er diesen mit seinen Krallen berührte, zerbarst er mit einem Donnerschlag. Wie ein Nebel trieben Schwefel und Salpeter über die Heide davon.

Der Bursche heiratete sein Mädchen, und der Teufel hat sie nie wieder behelligt.

Der Leichenfresser

Zu Sankt-Nikolaus war Jahrmarkt in Sneek. Das Mädchen hatte einen Burschen kennengelernt und mit nach Hause gebracht. Er erzählte ihr, daß er aus der Gegend von Leeuwarden stammte. Das war ihr arg, sie hätte die Freundschaft gerne fortgesetzt. Er war ein hübscher Bursche, offen und ehrlich; aber ob er den weiten Ritt, jedesmal bis in die Nähe von Sneek, nicht scheuen würde? «Ach nein», sagte er. «Alle zwei Wochen läßt sich das schon machen. Deinetwegen.»

Als er das nächste Mal wiederkam, lernte er auch die Eltern kennen.

Ja, ja, ihr Vater kannte einen aus seiner Familie, das sei ein bekanntes Bauerngeschlecht in guten Verhältnissen.

Der Bursche konnte flott reden und nahm die Familie bald für sich ein. Sie erfuhren, daß er in der Bauernwelt gut Bescheid wußte. Sie mochten ihn gern leiden und schauten fast schon nach ihm aus, wenn er Sonntag abends kommen sollte.

Aber sie hatten sich doch auch hinter seinem Rücken nach ihm erkundigt, da oben bei Leeuwarden – die Mutter des Mädchens hatte dort Verwandtschaft. Ja, den Namen kannten sie, aber niemand kannte den Jungen. Ach, nun wagten sie aber nicht, bei ihm selbst nachzufragen. Sie fürchteten, ihn damit zu verletzen, so als trauten sie ihm nicht. Es würde sich schon von selbst zeigen, dachten sie, wenn die zwei erst eine Weile befreundet wären.

Dann, an einem Sonntagabend, kam er recht spät und nicht, wie sonst, zu Pferd. Das Mädchen fragte ihn, warum so spät, weshalb zu Fuß?

Er antwortete: «Mein Pferd hatte ein Eisen verloren und lahmte. Da bin ich eine Strecke nebenher gegangen. Zufällig saß in der Dorfstraße der Schmied vor seinem Haus. Ich sagte zu ihm, ich sitze in der Klemme. Ich muß heute Nacht noch nach Hause. Wie kriege ich aber wieder ein Eisen unter das Pferd? Nun, sagte der Schmied, laßt es nur hier. Ich werde es beschlagen und nachschauen, was dem Bein fehlt. Hinter meinem Haus steht ein Pferdestall, ich werde die Tür nicht abschließen. Dann könnt Ihr es selbst in der Nacht herausholen, und ich brauche nicht aufzustehen.

Ich habe den Schmied noch gefragt, ob ich gleich bezahlen sollte, aber er meinte, das ginge auch nächstes Mal noch, und sonst würde meine Freundin wohl für mich bürgen; er wüßte ja, daß ich hierhin käme.»

Die Geschichte klang recht annehmbar, und sie achteten nicht weiter darauf. Aber als sie später am Abend zu zweit waren, war es dem Mädchen doch unbehaglich zumute.

Etwas stimmte nicht mit ihm. Er schaute wiederholt auf die alte, friesische Pendeluhr. Sie konnte sich's nicht genau erklären, aber er betrug sich anders als sonst. Und als die Uhr zwölf geschlagen hatte – kaum waren die Schläge kalt – da nahm er seinen Mantel und machte sich auf, während er sonst wohl bis zwei oder halb drei Uhr geblieben war.

Sie fragte: «Warum hast du es so eilig?»

Nun ja, er hätte in der Woche nicht viel geschlafen, und er wäre nicht sicher, wie das Pferd auf den Beinen stünde, also ...

Er ging hinaus. Sonst schob sie gleich den Riegel vor die Tür, aber diesmal schaute sie ihm nach. Und was geschieht? Er geht nicht den Weg zum Schmied, sondern in die andere Richtung! Da schoß es ihr in den Sinn: «Verflixt, ob er hier noch ein Mädchen hat, das er jetzt besuchen will?»

Er schritt gleich kräftig aus. Den Weg kannte er wohl, er war oft genug hier gewesen. Also hatte er ein Ziel vor Augen.

Sie eilt ins Haus zurück, packt ein Schultertuch und huscht hinter ihm her, heimlich, die Böschung entlang. Und dann kommt er zum Friedhof, bleibt dort stehen, schaut sich um. Als er keinen Unrat wittert, tritt er durchs Tor auf den Totenacker. In jener Woche waren einige frische Gräber aufgeworfen worden, dorthin geht er.

Das Mädchen aber schleicht hinter der Hecke, die den Friedhof umgibt, leise näher, bis sie dicht neben ihm hockt. Durch das Gesträuch kann sie ihn beobachten, er sieht sie nicht.

Wieder blickt er sich um, horcht auf Verdächtiges. Als er nichts sieht, kein Geräusch vernimmt, da – ja, sie weiß nicht, wie er das so schnell fertig bringt und woher er den Spaten nimmt – da gräbt er auch schon wie besessen in den beiden nebeneinander liegenden Gräbern. Er zieht die Särge herauf, öffnet sie, nimmt die Leichen heraus und legt sie hin. Dann läßt er die Särge wieder hinunter und wirft die Gräber zu. Die Leichen liegen im Gras. Dem Mädchen graust's, und gleichermaßen neugierig und beklommen fragt sie sich, was daraus werden soll. Aber sie entsetzt sich noch mehr. Nachdem er die Gräber zugeschüttet und sauber geräumt hat, damit anderntags niemand sehen kann, daß hier jemand gegraben, da fängt er mit einer Leiche an. Er beißt, würgt und schlingt hinunter. Im Handumdrehen ist die Leiche verschwunden. Dann fängt er mit der anderen an. Aber das hat sie nicht mehr gesehen, sie verliert die Besinnung.

Als sie wieder zu sich kam, waren die Leichen nicht mehr da, und auch er war fort. Sie meinte, es sei nur eine kurze Zeit verstrichen, aber trotzdem war nichts mehr zu sehen. Sie erzählte am anderen Morgen ihren Eltern nichts. Die würden es ihr doch nicht glauben und meinen, sie hätte nur geträumt. Die ganzen zwei Wochen saß sie wie auf Kohlen. Ob ihr Freier wiederkäme? Sie wartete darauf und fürchtete sich davor. Als er kam, ließ sie sich nichts anmerken.

Das Pferd wurde in den Stall gebracht, der Riegel vorgeschoben, und dann kam er ins Haus. Er war in allerbester Laune. Er sprach nicht darüber, und sie sagte nichts. Die Eltern waren so sehr von ihm eingenommen, daß der Abend rasch verging. Sobald sie aber zu zweit saßen, kroch es ihr aus der Kehle, und sie platzte damit heraus:

«Was hast du auf dem Friedhof angestellt?»

Er schaut sie an, sagt aber nichts.

«Ja», fährt sie fort, «ich möchte wissen, was du auf dem Friedhof zu schaffen hattest. Mir graut vor dir! Was bist du für einer?»

Er sagt noch nichts. Plötzlich steht er auf, greift sie an die Kehle, will sie würgen. «Ich werde mit dir abrechnen, ehe du mich verrätst. Heute abend finde ich keine andere Leiche, also werde ich dich auffressen. Aber erst werde ich dich erwürgen!»

Sie konnte keinen Laut hervorbringen, um ihre Leute zu warnen, und sie fing an, mit ihm zu ringen. Er drückte fester zu. Ihr Atem stockte, er war ihr weit überlegen, und sie fürchtete schon das Schlimmste.

Aber dort stand ein kleiner, kupferbeschlagener Tisch. Ihre Mutter hatte die Bibel aufgeschlagen darauf gelegt. Keuchend sind sie zu dem Tischchen geraten, eine kurze Spanne hat sie die Hände frei; da ergreift sie die Bibel und schlägt sie ihm auf den Kopf. Im Augenblick läßt er sie los und bläst die Lampe aus.

Sie suchte Streichhölzer und zündete die Lampe wieder an. Sie hatte die Türe nicht gehört, aber er war fort. Mit der Lampe ging sie in den Stall. Das Pferd war auch weg, der Riegel noch vorgeschoben.

Sie dachte: «Ich weiß nicht, die Sache ist nicht geheuer.»

Im Zimmer hing ein seltsamer Geruch, oder bildete sie sich das nur ein? Kurz und gut, sie sann nach, ob ihr Freier der Teufel selbst gewesen sei? Sie grübelte die ganze Nacht, fand keine andere Erklärung, schlief nicht.

Am anderen Morgen erzählte sie noch nichts. Sie war nicht sehr gesprächig, aber ach, das fiel nicht auf, es war ja Montagmorgen.

Als sie die gröbste Arbeit erledigt hatte, ging sie zum Schmied, um mit ihm abzurechnen.

«Du liebe Zeit», sagte der Schmied. «Ich weiß von nichts. Hier ist am Sonntagabend niemand gewesen, um sein Pferd beschlagen zu lassen.»

Da dachte sie wieder: «Sollte er der Teufel gewesen sein?»

Aber sie erklärte dem Schmied nichts und schwieg auch

weiterhin zu Hause. Dann hatte aber ihr Vater etwas beim Schmied zu besorgen, und der Schmied sprach ihn darauf an:

«Wie ist das mit dem Burschen? Eure Tochter war hier und wollte für ihn bezahlen. Sie sagte, sie hätte ihm den Laufpaß gegeben und wollte nun nicht, daß der Junge oder sie selbst hier Schulden hätten.»

Der Vater ärgerte sich gewaltig. «Aber das Seltsamste ist», sagte der Schmied, «der Bursche ist hier mit seinem Pferd nie gewesen!»

Als ihr Vater heimkam, wurde sie zur Rechenschaft gezogen. Nun erzählte sie alles.

Ihre Mutter meinte: «Daß du ihm die Bibel auf den Kopf geschlagen hast, hat dir das Leben gerettet, denn er war niemand anderes als der Teufel. Sei froh, daß du ihn los hast. Das hätte schlimm ausgehen können.»

Darüber waren sie sich einig. Sie forschten noch weiter dort, nördlich von Leeuwarden, aber nein, diesen Menschen gab es gar nicht. Er sei wohl der Teufel gewesen, mehr erfuhren sie nicht.

Das Mädchen hat noch öfter den Sankt-Nikolaus-Markt besucht, aber sie ist immer ohne Freund nach Hause gekommen, sie war unsicher geworden. Später lernte sie einen Jungen kennen, der so nah wohnte, daß sie den rauchenden Schornstein auf dem Dach seines Elternhauses sehen konnte, und das ist alles zum besten ausgeschlagen.

Sie hat aber ihr ganzes Leben den Anblick des Leichenfressers nicht vergessen können. Nie hat sie ihrem Mann etwas davon erzählt.

Jan im Sack

Es war einmal ein Junge, der hieß Jan. Er war nicht sehr gescheit, er war nicht sehr dumm, er war nicht groß, er war nicht klein, er war in allem so leidlich mittendrin. Und er wohnte in einem Papierhaus.

Und dann war da ein altes Weib, das ging zuweilen an dem Haus vorbei. Jan hing dann wohl aus dem Fenster und verspottete sie. Er ahnte eben nicht, daß sie eine Hexe war.

«Warte nur», sagte das Weib. «Ich werde dich schon kriegen, mein Junge!»

Nun, von da an schloß Jan die Tür fest zu, wenn er die Hexe kommen sah. Eines Tages war sie wieder unterwegs, rasch schob er den Riegel vor. Da erschien sie am Fenster, das schlug er auch zu. Was er aber nicht bedacht hatte, das Weib kletterte durch den Schornstein ins Haus. Der Rauchfang war nicht sehr weit, aber weil sie eine Hexe war, schlüpfte sie doch hindurch. Sie steckte Jan in einen Sack und schleppte ihn fort.

Unterwegs stellt sie den Sack einen Augenblick ab, und dort klaubt ein Mann Kartoffeln. Der Mann schaut sich den Sack an – die Hexe ist ein wenig auf die Seite gegangen – und Jan fängt gleich an zu stöhnen.

«Oh ha! Ist jemand in dem Sack?» fragt der Mann.

«Ja, Ja! Bitte, laßt mich raus!»

Das tut der Mann gerne.

Jan fragt: «Können wir nicht einige von den aussortierten kleinen Kartoffeln hineinfüllen?»

Und ja, der Mann leert einen Korb voll Kleinkram in den Sack, und die Hexe läuft damit weiter.

Zu Hause steht schon ein großer Kessel mit siedendem Öl auf dem Feuer. Die Hexe leert den Sack aus, aber nicht Klein-Jan, sondern lauter kleine Kartöffelchen plumpsen in das Öl. Die Hexe zankt und zetert. Wie zum Donner ist das möglich? Oder sollte Jan sich in Kartöffelchen verwandelt haben?

Aber nein, als sie am nächsten Tag zum Papierhaus kam, hing er wieder höhnend aus dem Fenster. Der Spitzbube war noch da!

Da kam sie ein anderes Mal und schlüpfte ungesehen ins Haus. Jan kam wieder in den Sack. Er wußte sich keinen Rat.

Aber ach, unterwegs mußte sie wieder so nötig, sie stellte den Sack ab. Nicht weit davon sortierte ein Fischer seinen Fang. Die Kaulbarsche warf er auf die Seite. Jan wimmerte, und der Fischer hörte das.

«Ist jemand in dem Sack?»

«Ja, ja!» Der Fischer ließ ihn raus.

«Es muß allerdings auch wieder etwas hinein», meinte Jan.

Der Fischer sagte: «Ich habe noch einen Fang kleiner Kaulbarsche liegen, die stecken wir hinein.»

Die Hexe hatte den Kessel mit Öl schon wieder auf dem Feuer. Sie drehte den Sack um – und fallen da nicht lauter Kaulbarsche heraus! «Zum Teufel! Aber das passiert mir nicht noch einmal.»

Sie schnappt ihn sich zum dritten Mal. Sie hat sich vorgenommen: «Was auch kommt, ich stelle den Sack nicht wieder ab!»

Diesmal stand der Kessel nicht auf dem Feuer. Sie hatte sich überlegt: «Wenn er mir wieder entkommt, verliere ich zum dritten Mal mein Öl.» Mit dem Messer, womit sie die Bäume ums Haus beschnitt, wollte sie ihm den Kopf abschlagen.

Aber was sie auch anstellt, sie bringt Jan nicht dazu, seinen Kopf ordentlich auf den Hackblock zu legen. «Schau, so geht das. Es ist ganz einfach. Du spürst es nicht, mein Junge.»

Aber Jan versteht nicht. Nun, dann wird sie es ihm zeigen. Die Hexe legt das Messer neben den Block. Blitzschnell ergreift Jan das Messer und schlägt zweimal zu, und der Kopf rollt weg. Später werden sie Kopf und Rumpf wohl gefunden haben. Wenn der Teufel die Hexe nicht geholt hat.

E.P.

Das Mädchen, das mit achtzehn Jahren sterben sollte

Einmal war da ein Mann, der hatte mit seiner Frau keine Kinder. Als er eines Morgens durch den Wald fuhr, traf er dort eine alte Hexe, und die Hexe sagt zu ihm: «Ach, lieber Mann, warum seid ihr so betrübt?»

«Ach, liebe Frau, wir bekommen keine Kinder, und das macht mich ganz traurig.»

«Nun», sagt sie, «geht nur nach Hause. Ihr werdet eine Tochter bekommen. Aber mit achtzehn Jahren müßt ihr sie wieder verlieren.»

Sie bekamen eine Tochter und waren glücklich, und alles schien gut zu sein. Als aber die Tochter in ihr achtzehntes Jahr kam, ließen sie die Köpfe wieder hängen. Das merkt die Tochter, geht in die Stadt und kauft zwei Pistolen. Dann sagt sie zu ihrem Vater: «Wollen Vater und ich heute ausreiten?»

Sie reiten zusammen aus. Sie kommen in denselben Wald. «Halt!» sagt sie, gibt ihrem Vater eine Pistole und nimmt die andere selbst in die Hand. «Jetzt erzählt mir, Vater, warum er so betrübt ist, sonst erschieße ich Vater, oder er erschießt mich.»

Da kam das große Wort heraus. «So und so ist es mir hier im Wald mit einer alten Hexe ergangen!»

«Ach Vater, seid doch nicht traurig!»

Dann ging es so: Sie lag auf dem Sterbebett.

Ihr Vater fragte: «Hast du noch einen Wunsch?»

«Ja. Drei Nächte soll jemand bei mir in der Kirche wachen.»

Das Mädchen stirbt, und just zu der Zeit kommt ein alter Bettler an die Tür. «Wieviel willst du haben», fragt der Mann, «wenn du bei meiner Tochter in der Kirche Wache hältst?»

«Fünfhundert Gulden», sagt er. Sie werden einig.

Nachts kommt der alte Bettler auf seinem Wege durch den Wald. Da sagt die alte Hexe zum Bettler: «Was hast du für einen seltsamen Auftrag bekommen? Wenn er dir nur gelingt! Ich weiß, was du tun sollst. Du legst dich unter die Bänke. Mag sein, daß er dir dann gelingt.»

In der Nacht zwischen zwölf und eins wurde in der Kirche alles durcheinandergerüttelt. Aber ihm geschah nichts. Der Bettler ging sein Geld holen, und der Mann sagt: «Du hast eine schlimme Nacht gehabt. Es soll noch eine Nacht bei meiner Tochter gewacht werden. Wieviel verlangst du?»

«Diesmal will ich tausend.» – «Gut.»

Auf dem Weg zur Kirche kam er wieder durch den Wald. Die alte Hexe war wieder da. «Hoffentlich gelingt dir auch diesmal der Auftrag, mein Junge. Du solltest dich heute Nacht unter die Kanzel legen. Mag sein, daß er dir dann gelingt.»

In der Nacht wurde wieder alles durcheinandergerüttelt in der Kirche. Aber ihm geschah nichts. Am Morgen ging er die tausend Gulden holen. Sagt der Mann: «Nun muß noch eine Nacht bei meiner Tochter gewacht werden. Was verlangst du dafür?»

«Ich habe eine schlimme Nacht gehabt», sagt der Bettler. «Ich will zweitausend.» – «Gut.»

Nachts auf dem Wege kam er wieder durch den Wald. Die alte Hexe kam auch. «Ich weiß nicht, mein Junge, ob dir dies gelingt. Aber weißt du, was du tust? Du gehst in die Stadt, kaufst dir eine Pistole und setzt dich damit hinter den Grabstein. Zwischen zwölf und eins steigt sie aus dem Grab, und dann springst du hinein. Und wenn sie dann wieder hinein will, schießest du ihr mit der Pistole vor den Kopf.»

«Gut.»

Nachts zwischen zwölf und eins saß er hinter dem Grabstein, sie kam heraus, und er sprang hinein. Er schoß ihr mit der Pistole vor den Kopf, und sie sprach: «Schön, du mein Retter. Du gehst hinein, ich komme heraus.»

So bekam der Mann seine Tochter wieder.

Das fliegende Schiff von Workum

Ein Schiffer in Workum hatte ein ganz altes Schiff und wollte am liebsten ein neues bauen lassen. Er bestellte es bei einem Workumer Schiffsbauer.

Doch ehe das Schiff fertig gebaut war, bekam er Händel mit dem Erbauer, und der Streit ging so hoch, daß der Schiffsbauer ausrief: «Jetzt will ich erst Geld sehen, sonst baue ich das Schiff nicht fertig!»

Damit saß der Schiffer in der Klemme, und es blieb ihm nichts übrig, als sein Geld herauszurücken. Aber beim Bezahlen zeigte sich, daß das Geld nicht ganz ausreichte. Der Schiffsbauer steckte die Piepen ein und sagte: «Da liegt dein Schiff – sieh nur selbst zu, daß du damit zu Rande kommst.»

Als der Schiffer es besah, war es ganz fertig gezimmert, nur war noch kein Ruder dran. Es war schon vom Stapel gelassen und lag im Hafen. Der Schiffer wußte sich keinen Rat, er konnte kein Ruder bezahlen.

Während er so auf seinem Schiff herumstieg, kamen drei alte Weiblein herbeigelaufen, sie blieben neben dem Schiff stehen und musterten es von allen Seiten.

«Ein schönes Schiff», hörte er das eine sagen. Die beiden anderen nickten, aber dann schüttelten sie den Kopf.

«Schiffer, was hast du da für ein komisches Schiff liegen», sagte schließlich ein anderes. «Warum hat es kein Ruder?»

Der Mann erzählte, wie das zugegangen wäre, und die Weiblein sagten: «Das geht so nicht – weißt du was, wir wollen dir soviel Geld ausleihen, daß du ein Ruder dazu zimmern lassen kannst.»

«Ein schönes Angebot», antwortete der Schiffer. «Aber ich kann das dann nicht so bald zurückbezahlen, ich muß es erst verdienen.»

Aber davon war jetzt nicht die Rede. Über das Zurückbezahlen brauchte er sich vorläufig nicht den Kopf zu zerbrechen. Von jedem der drei Weiblein bekam er also ein Goldstück, und davon konnte er gerade ein Ruder an sein Schiff bauen lassen.

Der Schiffer war sehr zufrieden mit seinem Segelschiff. Doch nachdem er schon manche Fahrt damit unternommen hatte, entdeckte er etwas Seltsames. Jeden Abend, wenn er in den Hafen zurückgekehrt war, säuberte er das ganze Schiff, ehe er von Bord ging. Und dennoch lagen am anderen Morgen jedesmal drei Häufchen auf den Luken. Es gab offenbar drei Menschen, die dort jede Nacht ihre Notdurft verrichteten. Das geschah einige Male hintereinander. Außerdem lag das Schiff morgens umgewendet am Kai, mit dem Vordersteven nach der See und nicht mehr nach der Stadt.

Fuchsteufelswild wurde der Schiffer, als das nicht aufhörte, und er schwor sich herauszufinden, wer ihm das lieferte.

Eines Abends kroch er in das Vorunter, einen kleinen Laderaum am Bug des Schiffes, und ließ die Luke ein wenig offenstehen, aber nur so weit, daß es nicht auffiel. Durch den Spalt lugte er hinaus. Zuerst geschah nichts, aber gegen Mitternacht spürte er, daß das Schiff tiefer zu liegen kam. Er vernahm auch Bewegung an Deck, aber eben als er zum Vorschein kommen wollte, merkte er, daß das Schiff fuhr, und wenig später, daß es durch die Luft flog.

Der Schreck schlug ihm ums Herz, er wagte nicht, sich zu zeigen und nachzuschauen, was nun eigentlich geschah.

Eine geraume Zeit flogen sie durch die Luft und landeten dann wieder auf dem Wasser. Stockfinstere Nacht war es, und er hörte menschliche Stimmen.

Da übermannte ihn die Neugier. Er steckte den Kopf durch die Luke. Der Mond ging auf, und er gewahrte auf einem leuchtend weißen Strand menschliche Gestalten. Einige unter ihnen kannte er, aber sonderbarerweise waren die schon seit Jahren tot!

Da öffneten sich die Ladeluken des Schiffes, und noch mehr Menschengestalten kamen heraus, Menschen aus Workum, die kürzlich gestorben waren. Sie gingen von Bord und liefen den Strand hinan.

Nun wollte der Schiffer doch noch mehr erfahren, kroch aus dem Raum und schwamm an Land. Der Strand lag wieder verlassen da, er aber lief weiter und kam zu Bäumen. Schnell brach er einen Zweig ab und eilte nach dem Schiff zurück. Er mußte wieder schwimmen, am Ankertau hinaufklettern und in sein Versteck kriechen.

Bald darauf wurden die Luken geschlossen und der Anker gelichtet. Das Schiff gewann Fahrt und flog wieder durch die Luft, bis es im Workumer Hafen landete. Er sah niemanden, aber das Schiff wurde vertaut und lag, wie so oft schon, mit dem Bug nach der See.

Eben wollte der Schiffer aus dem Vorunter kriechen, da sah er die drei Weiblein am Ufer stehen. Sie stiegen auf das Schiff, setzten sich auf die Luken, verrichteten alle drei ihre Notdurft und verschwanden wieder.

Er wartete bis zum hellen Tag, ehe er sich aus seinem Versteck wagte. Den Zweig, den er abgebrochen hatte, nahm er mit und sah voller Erstaunen, daß Apfelsinen daran hingen.

Der Schiffer zerbrach sich den Kopf über die Sache. Er begriff, daß er nachts die Seelen der Verstorbenen an Bord hatte und daß er nicht wußte, wohin sie verladen wurden und was mit ihnen geschah.

«Ich muß mir diese Sache vom Halse schaffen», dachte er, «aber wie?»

Nach langem Grübeln ging er zu dem Schiffsbauer, der das Ruder für ihn gezimmert und dafür die drei Goldstücke erhalten hatte. Der Mann hatte noch nie ein Goldstück besessen und wollte sie möglichst lange behalten. Aber gegen schweres Geld konnte der Schiffer sie doch zurückkaufen.

Denselben Abend hat er sich wieder an Bord versteckt und ist zu dem weißen Strand mitgeflogen. Auf der Rückfahrt hat er sich an Deck gewagt und auf jede der drei Luken, wo er sonst immer die Häufchen fand, ein Goldstück gelegt. Als das Schiff in Workum ankam, warteten die drei Weiblein schon und stiegen an Bord. Sowie sie aber die drei Goldstücke erblickten, fuhr ein greller Blitz herab; die Weiblein waren plötzlich verschwunden, und die Goldstücke waren auch fort. In jeder der drei Luken aber war ein Brandloch.

Und das Schiff hat drei Luken mit Brandlöchern gehabt, solange es gefahren ist. Die drei Weiblein hat der Schiffer nie wieder gesehen, und das Schiff lag auch nie wieder morgens umgedreht am Kai.

Leben, Tod
und Gerechtigkeit

Der gerechte Pate

In einem Dorf lebte, wie sich das so gehört, ein Schmied. Als er sechzig Jahre alt war, heiratete der Schmied seine Haushälterin. Die Haushälterin war erst neununddreißig.

Nach einem Jahr bekamen sie einen Sohn.

Jetzt machte sich der Schmied große Sorgen. «Wer soll denn den Jungen großziehen?» fragte er sich. «Wenn er einmal zwanzig ist, dann muß er doch ein Ziel im Leben haben und einen Broterwerb, oder er sollte zumindest ein Handwerk können. Und wer wird ihm dabei helfen? – Ich weiß: Ich werde einen Paten für ihn suchen, und der muß wirklich gerecht sein.»

Die Amme kam, und der Alte machte sich auf den Weg.

«Zu wem soll ich gehen?» fragte er sich, als er eine Weile gegangen war und es schon dunkelte. «Ja, jetzt weiß ich's. Simon, der Kaufmann, das ist mein Mann! Ich werde zu Simon gehen, und der soll Pate bei meinem kleinen Jungen werden.»

Fast hatte er Simon erreicht, da begegnete er einer jungen Frau, und die redete ihn an: «Ja, wie», sagte sie, «so spät noch unterwegs?»

«Ja», sagte er, «wir haben einen Sohn bekommen.»

«So, so.»

«Ja, seht Ihr, es geht zwar niemanden etwas an, aber Euch kann ich es ja sagen. Ihr müßt wissen, wenn der Kleine später mal so weit ist, daß er auf eigenen Füßen stehen soll, dann kann ich ihm nicht mehr helfen. Ich bin dann schon achtzig, wenn ich es noch erleben sollte. Deshalb suche ich einen Paten, der gerecht ist, denn das ist mir das wichtigste. Deshalb gehe ich zum Kaufmann Simon.»

«Und Ihr redet von Gerechtigkeit!» rief die Frau aus. «Kauft Eure Frau manchmal bei Simon ein?»

«Ja, immer.»

«Na, dann solltet Ihr einmal den Zucker und den Reis nachwiegen! Vierhundert Gramm ist bei ihm ein Pfund!»

«Dann wird das also nichts mit Simon, dem Kaufmann», dachte der Schmied und ging weiter.

Halt! Da fiel ihm jemand ein: Jabik, der Milchmann. Das war eine schlichte Seele. Er hatte seine sechs Kühe, und die Milch verkaufte er im Dorf.

Fast war der Schmied beim Milchmann, da begegnete er wieder einer Frau. Die sagte, genau wie die vorige:

«Ihr seid aber noch spät unterwegs, Meister!»

«Ja, ja», sagte der Schmied, «das ist so und so.» Und er erzählte wieder die Geschichte.

«Und den Jabik wollt Ihr als Paten haben? Fällt Euch nichts besseres ein? Holt Ihr auch Milch bei ihm?»

«Ja.»

«Und habt Ihr schon einmal nachgemessen? Nein, nicht wahr? Nun, er gibt lange nicht das volle Maß.»

Der Schmied ging bekümmert weiter.

Da erblickte er einen langen, schwarzen, klapperdürren Mann. Der fragte ihn auch, weshalb er noch so spät auf den Beinen wäre. Na, da erzählte der Schmied zum dritten Mal dieselbe Geschichte, daß er einen gerechten Paten suche.

«Das trifft sich gut», sagte der lange, schwarze Mann, «dann braucht Ihr mich, denn ich bin die Gerechtigkeit in Person!»

«Also gut», sagte der Schmied, «der Kleine wird morgen früh getauft. Wenn Ihr als Pate in die Kirche kommt, dann geht alles in Ordnung.»

Am anderen Morgen wartete der lange, schwarze Mann schon am Kirchentor, als der Vater und die Amme mit dem Kleinen ankamen. Er ging mit hinein und stand ganz ordentlich Pate. Als Pate brauchte er nichts zu sagen.

«Ihr trinkt doch eine Tasse Kaffee mit uns?» fragte die Amme nachher.

Ja, das wollte er gerne. Als er den Kaffee ausgetrunken hatte, wollte er aufbrechen.

«Nein» sagte der Schmied, «jetzt ist alles so gut gegangen, jetzt wollen wir noch einen hinter die Binde gießen.»

Das taten sie denn auch, und dann sagte die Amme: «Das Essen steht in der Küche auf dem Tisch, mir wäre es recht, wenn ihr kommt, sonst wird alles kalt.»

Der Schmied nötigte ihn, mit ihnen zu essen, und zusammen gingen sie zu Tisch.

Der Pate aß unmäßig viel, er konnte gar nicht satt werden. Er war ja auch so lang und dürr. Nach dem Essen nahm der Schmied ihn mit in die Schmiede und zeigte ihm allerhand geschickte Erfindungen und kleine Gerätschaften und so. Und dann rief die Amme:

«Der Tee ist fertig!»

Als der Tee getrunken war, hatte sie ein Abendbrot vorbereitet. Schließlich sagte der Pate aber doch:

«Jetzt muß ich wirklich nach Hause.»

«Ich werde Euch ein Stück begleiten», sagte der Schmied.

Es war unterdessen schon recht dunkel geworden, und sie waren weit gegangen, als der Schmied unter seinen Füßen spürte, daß sie einen Hang hinunterstiegen. Sie gingen, bis sie in einen sehr großen, hell erleuchteten Saal kamen. Dort hing an einem Haken eine Sense. Der Pate nahm die Sense herunter und fing an, sie zu dengeln.

Da sagte der Schmied: «Hier sind ja überall Lampen!»

«Ja», antwortete der schwarze Mann, «das sind lauter kleine Glasampeln, die Öl enthalten. Wenn eine Ampel leer ist, wenn also das Öl verbrannt ist, dann stirbt derjenige, dem die Lampe gehört.»

«Wem gehört denn die da?» fragte der Schmied neugierig, «sie ist noch fast voll.»

Der schwarze Mann warf einen Blick darauf. «Die gehört dem Bürgermeister. Und diese gehört dem Pfarrer – da ist auch noch genug drin.»

«Dort erlischt gerade eine», sagte der Schmied.

Der schwarze Mann schaute: «Ach, die gehört Antsje, die das Brot ausgetragen hat – dann ist sie jetzt tot. Sie war aber wirklich am Ende, die alte Frau.»

«Schau», rief der Schmied, «gleich erlischt wieder eine!»

«Ja», sagte der lange, schwarze Mann, «das seid Ihr.»

«Seid Ihr von Sinnen? Eben habe ich einen kleinen Sohn bekommen, und jetzt soll ich schon sterben?»

«Das läßt sich nicht ändern.»

«Dann gießt doch Öl aus der Lampe des Bürgermeisters in die meine!»

«Das ist nicht gerecht!»

Nicht fragen!

Auf einem Stein neben einer uralten Hütte saß ein kleiner Junge von etwa zwölf Jahren. In den Händen hielt er eine silberne Tabaksdose, und in der Tabaksdose war eine goldene Münze. Er hatte soeben seine Großmutter, bei der er aufgewachsen war, zu Grabe getragen, und nun hatte er niemanden mehr auf der Welt. Vielleicht lebten irgendwo noch Verwandte, aber er wußte nicht, wo.

Er betrachtete das Goldstück. Die Tabaksdose und die Münze waren das einzig Wertvolle, was er besaß. Großmutter hatte immer gesagt: «Die heben wir für dich auf, in dieser silbernen Tabaksdose. Dieses Goldstück ist für dich. Wir werden es nicht verbrauchen. Es stammt noch von deinem Großvater, und dein Großvater war einmal ein reicher Mann.»

Der Junge war noch klein und konnte das alles nicht verstehen. Er hätte genauer nachfragen müssen, aber dazu war es nun zu spät. Seinen Vater hatte er nie gekannt, und die Mutter war bei seiner Geburt gestorben. Seine Großmutter hatte ihm auf ihrem Sterbebett wohl noch mehr erzählen wollen. «Das große Haus...», hatte sie zuletzt gesagt. «Das große Haus ...», mehr hatte sie nicht hervorbringen können.

Als er dort auf dem Stein saß und grübelte, die Dose noch in der Hand, kam ein Mann daher, den er nicht kannte.

«Ach ja, die Dose!» dachte er und steckte sie schnell in die Tasche.

«Warum sitzt du da so betreten?» fragte der Mann, und der Junge erzählte ihm, daß er eben seine Großmutter begraben habe.

«Du kannst doch hier nicht sitzen bleiben», sagte der Mann. «Komm mit mir. Aber du darfst nichts fragen! Wir gehen fort.»

Der Junge hätte gerne gewußt, wohin sie gingen, aber er wagte nicht, es zu fragen. Seine Hand umklammerte in der Tasche die Tabaksdose, und wenn er ging, hörte er dann und wann das Goldstück in der Dose klappern.

Sie gingen weit und kamen endlich an ein großes Haus, wo sie um Essen und um ein Nachtquartier baten. Man nahm sie freundlich auf, und sie wurden so gut bewirtet, wie man sich es nur wünschen kann. Am anderen Morgen standen sie frühzeitig auf. Als sie das Haus verlassen wollten, stand dort ein goldener Pokal. Eben wollte der Mann gehen – er trug so einen weiten Mantel – da packte er den Becher und versteckte ihn unter dem Mantel. So ging er fort.

Das fand der Junge höchst sonderbar. «Aber Mann», fing er an.

Aber der Mann sagte: «Nicht fragen, komm mit!»

Sie gingen den ganzen Tag, und gegen Abend kamen sie wieder an ein großes Haus. Eine Frau trat aus der Tür. So und so. «Wir hätten gerne etwas zu essen, und wir möchten hier übernachten.»

Die Frau ging zurück ins Haus, und der Junge dachte schon, alles wäre in Ordnung. Aber sie kam mit einem großen Hund zurück – nein, sie durften nicht hinein, und sie bekamen nichts zu essen.

Da standen sie, und es regnete in Strömen. Der Mann ging nicht weit. Er stahl sich um das große Haus herum und fand dahinter einen geräumigen Schuppen. Es waren Schweine drin, aber daneben lag auch ein großer Haufen Stroh. Dort legten sie sich schlafen. Wieder wachten sie früh auf, und der Mann sagte: «Wir müssen weiter!»

Hinter dem Haus fanden sie ein offenes Küchenfenster. Der Mann zog den goldenen Becher unter dem Mantel hervor und stellte ihn durch das Fenster ins Haus. Der Junge wußte nicht, was er denken sollte, und wollte den Mund schon aufmachen, aber der Mann sagte: «Still, nicht fragen!»

Wieder gingen sie den ganzen Tag. Abends kamen sie an ein ganz kleines Haus. Dort wohnte ein altes Paar. Sie klopften an: «Habt ihr etwas zu essen für uns und einen Schlafplatz?»

Gastfreundlich wurden sie aufgenommen. Die alten Leute sagten: «Viel haben wir nicht, aber wir wollen alles teilen.»

Äpfel und Ziegenmilch wurden aufgetischt, und dann durften sie zugreifen. Die Äpfel waren vom eigenen Baum, und die Milch war von ihrer Ziege. Der Mann und der Junge schliefen auf dem Boden, aber sie schliefen gut.

Am anderen Morgen standen sie zeitig auf. Und dann ging der Mann zu dem Baum und spaltete ihn so tief, daß er absterben mußte, und der Geiß schnitt er die Kehle durch. Der Junge entsetzte sich sehr, denn er liebte die Tiere. Aber er bezwang sich und fragte nicht.

Sie gingen, bis sie zu einer Brücke kamen.

Als sie auf der Brücke standen, sagte der Mann: «Jetzt werde ich dir erzählen, was du eigentlich fragen wolltest.» Und er fing an:

«Den goldenen Becher mußte ich mitnehmen. Er war durch Zufall zu den Leuten geraten, aber er ist ein Pokal, der Unglück bringt. Er stiftet die Menschen zu bösen Taten an, und wer daraus trinkt, muß sterben, denn der Becher enthält Gift. Davor wollte ich die braven Leute bewahren, und deshalb habe ich ihn mitgenommen. In dem anderen großen Haus, wo ich den Becher hingestellt habe, mußte etwas geschehen. In diesem großen Haushalt geschehen böse Sachen, und er muß ausgetilgt werden.»

«Ja, aber die armen alten Leute ...», sagte der Junge.

«Der Mann wird einen neuen Baum pflanzen. Dazu gräbt er ein tiefes Loch, und dann findet er einen Schatz, und dann haben sie für ihr Leben ausgesorgt.»

Der Junge war noch nicht zufrieden. «Warum mußte die arme Ziege sterben?»

«Die Ziege mußte dort weg. Sie war angepflockt. Aber wenn sie zu dem Loch gekommen wäre, das der Mann gegraben hatte, dann hätte sie ihn hineingestoßen. Das darf nicht sein.»

Der Junge wollte etwas erwidern, aber auf einmal war der Mann verschwunden.

Als der Junge weiterging, dachte er: Hilfe, die Dose! Denn er hörte das Goldstück nicht mehr klappern. Er zog die Dose aus der Tasche, aber sie fiel ihm fast aus der Hand, so schwer war sie. Sie war prall gefüllt mit eben solchen Goldstücken, von denen vorher nur ein einziges darin gewesen war.

Der Junge fand auf seinem Weg ein Häuschen, nicht viel besser als die Hütte seiner Großmutter. Dort will ich wohnen, dachte er. In dem Häuschen lebte ein Mädchen, das auch ganz allein auf der Welt war. Er blieb bei ihr, und mit der Zeit wurden sie Mann und Frau. Von den Goldstücken konnte er Brachland kaufen, das er pflügte und bestellte. Nach und nach wurde er ein tüchtiger Bauer.

Eines Tages erschien ein Notar bei ihm. In dem großen Haus, wo der Fremde den Becher hingestellt hatte, waren alle Bewohner gestorben. Und der Herr dieses Hauses war der Vater des Jungen gewesen. Dort hatte seine Mutter als Magd gedient, und der Junge war ein Bankert des Hausherrn, aber der hatte nichts mehr von dem Mädchen wissen wollen, und sie wurde mit Schimpf und Schande fortgejagt. Das hatte seine Großmutter ihm erzählen wollen, als sie sagte: «Das große Haus ...» Nun hatte sich herausgestellt, daß er der einzige Erbe war.

So zogen sie in das große Haus. Mit den Nachbarn grub er eine Woche lang ein tiefes Loch und warf dann den Pokal hinein. Das Loch wurde zugeschüttet, und sie legten einen schweren Stein darauf, damit der Becher nie wieder zum Vorschein kommen konnte.

Prinz Blaubart

Es war einmal ein König, der hatte nur eine Tochter. Ihr Haar glänzte wie Gold, und jeder, der sie erblickte, meinte, sie wäre das schönste Mädchen auf der ganzen Welt. Und weil ihr das so oft gesagt wurde, glaubte sie es auch und meinte, nur den schönsten Mann auf der ganzen Welt heiraten zu können. Es kamen Hunderte, die um sie freiten, aber sie wies alle ab.

Eines Tages erschien ein Königssohn, der war hübscher und stattlicher als alle anderen. Reich war er und trug einen schwarzen, lockigen Bart. Er hielt um ihre Hand an, und der König redete ihr zu, sich nun doch endlich zu entscheiden: Einen Schöneren fände sie nie.

Die Prinzessin aber lachte nur und sprach: «Wenn binnen einem Jahr ein Mann mit einem blauscheckigen Bart kommt, der zehnmal reicher ist als dieser Königssohn, so will ich jenen nehmen. Wenn nicht, so werde ich diesen Prinzen heiraten.»

Es geschah, daß die Prinzessin kurze Zeit danach am Fenster stand. Da sah sie, wie ein Mann mit einem blauschillernden Bart auf einem feurigen Rappen über den Hof sprengte. Er saß ab, trat vor den König und hielt um die Hand seiner Tochter an. Sie konnte sich nun nicht mehr weigern, wollte aber doch wissen, wie reich er wäre.

Der Prinz mit dem blauen Bart erwiderte: «Ich weiß nicht, wie reich ich bin. Wenn heute zwanzig Männer anfangen, mein Geld zu zählen, dann werden sie alt sein und sterben, ehe sie fertig gezählt haben.»

Die Prinzessin bat ihn, in einem Monat wiederzukommen und ihre Antwort entgegenzunehmen.

Als aber der fremde Mann fortritt, folgte sie ihm heimlich nach, um zu sehen, wo er wohnte und ob er wirklich so reich wäre. Tagelang ritt sie hinter ihm her, und schließlich gelangten sie in einen finsteren Wald, darin lag ein mächtiges Schloß. Der Mann mit dem blauschillernden Bart ritt durch das Tor, und kurz darauf schlich die Prinzessin hinter ihm her. Damit er sie nicht erkennen sollte, hatte sie sich in einen weiten Kapuzenmantel gehüllt.

Niemand war zu sehen, aber das Tor war einen Spalt weit geöffnet. Sie stieß es auf – und stand vor einem Papagei.

«Womit kann ich dienen?» fragte der Papagei.

«Ach, ich kam nur zufällig vorbei und wollte mich ein wenig umsehen», antwortete das Mädchen. «Wie groß das Schloß ist! Wer wohnt hier, wenn ich fragen darf?»

«Hier wohnt der reichste Prinz auf der ganzen Welt», sagte der Papagei. «Seinen Namen darf ich euch nicht nennen, den verrät er nur seiner Braut, der Prinzessin mit den goldenen Haaren. Alle anderen Menschen nennen ihn Prinz Blaubart. Aber das ist noch gar nichts. Kommt nur mit!»

Durch eine Tür traten sie in ein großes Zimmer, in welchem die prächtigsten Möbel standen, wie sie die Prinzessin noch nie gesehen hatte.

«Wie wunderschön ist dieses Zimmer», sagte sie. «Hier möchte ich wohnen.»

Der Papagei antwortete: «Hier wird die Prinzessin mit den goldenen Haaren wohnen, wenn sie mit Prinz Blaubart vermählt ist. Aber das ist noch gar nichts!»

Durch eine weitere Tür gelangten sie in einen großen Saal. Auf einer Erhöhung stand ein Thron aus reinem Silber, und auf den Sesseln lagen Gewänder aus Samt und Seide ausgebreitet.

«Ach, wie wunderschön», sagte die Prinzessin.

«Die wird die Prinzessin mit den goldenen Haaren tragen, und auf diesem Thron wird sie sitzen, sobald sie mit Prinz Blaubart vermählt ist», erklärte der Papagei. «Aber das ist noch gar nichts!»

Er führte sie durch die nächste Tür in eine stattliche Kapelle.

Mitten in der Kapelle stand auf zwei Trägern, die von einer goldbestickten Samtdecke verhüllt wurden, eine Totenlade aus reinem Gold, mit den herrlichsten Edelsteinen besetzt.

«Das ist der schönste Sarg, den ich je gesehen habe», sprach die Prinzessin.

Der Papagei antwortete: «Der ist für die Prinzessin mit den goldenen Haaren. Schon am Abend ihrer Vermählung mit Prinz Blaubart wird sie darin liegen. Aber das ist noch gar nichts!»

Der Papagei wollte weiter gehen, aber die Prinzessin sagte, sie hätte keine Zeit mehr. Wie der Wind jagte sie nach Hause, und als Prinz Blaubart kam, um ihre Antwort zu holen, war sie längst mit dem Königssohn mit dem schwarzen Lockenbart vermählt.

Die drei Warnungen vor dem Tode

Es war einmal ein Mann, ein Tagelöhner, der stand in der Blüte des Lebens. So an die vierzig Jahre wird er gewesen sein. Er und seine Frau sprachen manchmal davon, daß der Mensch hier auf Erden keine Bleibe habe.

Er sagte dann wohl: «Einmal müssen wir alle gehen, aber am schlimmsten ist es doch, wenn man so völlig unerwartet weggenommen wird. Ja, ich weiß wohl, daß manche Leute anders darüber denken. Eine langwierige Krankheit ist auch nicht alles. Aber es muß doch schrecklich sein, mitten aus der Arbeit oder aus dem Haushalt heraus sterben zu müssen, ohne daß man vorher seine Sachen regeln kann.»

Der Mann sann weiter darüber nach. Und dann, an einem späten Abend, als er draußen noch etwas herumkramte, trat eine schwarze Gestalt heran und sagte: «Ich bin der Tod.»

Der Mann wurde vor Schreck kreideweiß.

«Einmal gehören alle Menschen mir», fuhr der Tod fort. «Aber es würde dir ungeheuerlich erscheinen, wenn ich dich so unerwartet mitnähme, und das ist auch nicht meine Absicht. Einmal werde ich dich holen, aber ich werde dich vorher warnen. Du bekommst drei Warnungen, dann kannst du auf keinen Fall behaupten, daß ich dich überrumpele.»

Damit verschwand der Tod.

Der Mann dachte nach. Er wußte nicht, was das bedeuten sollte, und er hatte nicht den Mut, darüber zu sprechen, nicht einmal mit seiner Frau. So ging er wie immer seiner Arbeit nach und wurde vom täglichen Leben ganz in Anspruch genommen.

Bis nach zehn Jahren an einem Herbstabend wieder diese dunkle Gestalt bei ihm erschien.

«So», sagte er. «Jetzt ist es deine Zeit, ich nehme dich mit!»

«Aber nein», antwortete der Mann. «Du hast mir damals klar und deutlich versprochen, daß du mich warnen würdest. Und das hast du nie getan. Du hältst dich nicht an dein Wort.»

Der Tod erwiderte schlicht: «Ich habe dich in diesen zehn Jahren dreimal gewarnt.»

«Davon weiß ich nichts, das stimmt nicht, ich habe dich nie wieder gesehen!»

Der Tod sagte: «O doch! Vor drei oder vier Jahren – ich weiß es nicht mehr genau, wie viele es waren – hast du die Dachrinnen am Haus gesäubert. Du standest auf der obersten Sprosse einer hohen Leiter. Dann kam ein Windstoß und warf dich mit der Leiter um. Weißt du das nicht mehr? Du bist weich gelandet, und es fehlte dir nichts.»

«Ja», sagte der Mann. «Das weiß ich. Es ist gut abgelaufen.»

«Das hätte auch anders ausgehen können. Das war die erste Warnung», lehrte der Tod.

«Das habe ich mir nie so überlegt.»

Der Tod fuhr fort: «Weißt du noch, wie du an einem Winterabend spät vom Bauern nach Hause gekommen bist? Du wolltest querfeldein gehen. Und dann bist du in einer Entenwake ins Eis eingebrochen.»

«Und ob ich das noch weiß!» sagte der Mann. «Du lieber Himmel, wie war ich erschrocken! Ich schrie und schrie, weil ich aus eigener Kraft nicht wieder hinauskommen konnte. Aber schließlich habe ich mich doch aufs Eis gezogen und bin an Land gekrochen. Ich war mehr tot als lebendig.»

«Siehst du», sagte der Tod. «Da bist du mit knapper Not davongekommen. Das war die zweite Warnung.»

«Das habe ich mir nie so überlegt.»

«Und weißt du vielleicht noch», fragte der Tod weiter, «wie du mit dem Fahrrad den Deich überquert hast? Ein Auto kam herangesaust, die Bremsen quietschten, um ein Haar hätte es dich überfahren.»

«Ja, das weiß ich noch. Und es war auch noch meine Schuld, ich hatte nicht aufgepaßt. Das hätte bös ausgehen können.»

«Ja», sagte der Tod. «Das hätte bös ausgehen können. Oft geht es böse aus, aber damals habe ich dich noch geschont. Das war die dritte und letzte Warnung. Und jetzt werde ich dich holen.»

Damit verschwand der Tod.

Der Mann überlegte und sagte zu sich: «Ja, der Tod hat recht. Das waren seine Warnungen. Wenn er nun bald kommt, so werde ich mich fügen. Wie es kommt, so ist es recht.»

Zwei Tage später ist er gestorben.

Der beleidigte Totenkopf

Sie nannten ihn den achtkantigen Bauern. Steinreich war der Mann, kalt und erbarmungslos.

Einmal begab er sich auf Reisen, mit all seinen Knechten und mit seinem Weib. Der ganze Troß fuhr durch die Lande. Bei einem Friedhof machten sie halt. Der Bauer wollte sich dort umsehen. Und er fand einen Totenschädel. Da gab er dem Totenschädel einen Tritt, schimpfte und verspottete ihn mit garstigen Worten. Wenn es denn ein Leben nach dem Tod geben sollte, sagte er, so lade er ihn, den Toten, am Abend zu einem Umtrunk ein. Dann kehrte er mit Familie und Freunden ein.

Abends saßen sie beim Wein, und es ging laut und fröhlich zu. Da hörten sie ein Klopfen und Rufen an der Tür.

«Wer zum Teufel ist da?» rief er zurück.

Eine Stimme antwortete, er wolle hinein zu der Gesellschaft, er sei auch geladen, mit den anderen zu trinken.

Einer aus der Gruppe ging hin und öffnete die Tür. Aber er erbleichte und prallte zurück. Die bei ihm saßen, sahen wohl, daß da etwas nicht geheuer war.

«Nein», riefen sie. «Nein! Sage ihm, daß alle Geladenen schon hier sind.»

Also sagte der achtkantige Bauer: «Nein, ich will nicht, daß noch ein Mensch hereinkommt.»

Der da geklopft hatte, war aber ein Gespenst, und es kam doch herein. Sie reichten ihm sofort ein Glas, aber niemand prostete ihm zu, sie waren alle zu Tode geängstigt.

Das Gespenst trank den Schoppen, dann griff es den achtkantigen Bauern an, und sie begannen zu kämpfen und zu raufen.

Die Freunde des Bauern schlugen auf das Gespenst ein und trieben es hinaus. Es kam aber mit glühenden Augen wieder und packte den Bauern von neuem. Noch einmal schlugen sie es hinaus. Als sie dann aber den achtkantigen Bauern anschauten, so war er ganz zerschunden und zerschlagen. Und er war tot.

Die drei Holzfäller

Meine Muhme Fetsje erzählte manchmal die Geschichte von den drei Brüdern. Das waren Holzfäller.

Der älteste verrichtete wohl seine tägliche Arbeit, aber er empörte und ärgerte sich immer und war sehr unzufrieden. In seinen Augen war das Leben ungerecht. Warum mußte er sich abrackern, während andere keine Hand rührten und trotzdem Geld scheffelten? Das wünschte er sich am allermeisten: nichts tun und Geld genug haben, um alles zu kaufen, was das Herz begehrt; also tun und lassen können, was man wollte. Wenn er dann wieder solch dickes, hartes Eichenholz unter der Axt hatte, stieß er manchmal einen zornigen Fluch aus.

Eines Tages saß er auf einem Hügel zur Brotzeit, verspeiste sein Mitgebrachtes und betrachtete derweil einen Teil des Erdreichs. Er dachte: «Alles, was ich da so sehe, die Wälder, die Wiesen und Weiden, die Höfe, die daneben liegen, und dann noch die großen Schlösser – wenn das alles mir gehörte, dann wäre ich zufrieden! Ich würde jagen und angeln, essen und trinken, andere für mich arbeiten lassen und leben wie die Made im Speck!»

Noch einmal warf er einen Blick über die Gefilde, da trat plötzlich ein Mann in einem weiten schwarzen Mantel aus dem Gebüsch.

Lächelnd schaute er den Holzfäller an und sagte: «Du meinst, daß du Unmögliches begehrst. Aber ich sage dir, daß du ohne Mühen alles bekommen kannst, was du dir wünschst. Erzähle mir noch einmal, was du so gerne hättest.»

Der Holzfäller kratzte sich am Kopf und antwortete: «Alles,

was hier vor mir liegt. Dann wäre ich reich und würde nie wieder den Arm heben, um eine Arbeit zu verrichten. Ich würde mit Geld um mich werfen, essen, trinken und schwelgen.»

Der Fremde antwortete: «Ich kann deinen Wunsch auf der Stelle erfüllen. Das alles sollst du haben und noch viel mehr. Das einzige, das ich von dir verlange, sind zwei Werkzeuge, die du dann doch nicht mehr brauchen kannst.»

«Ich soll steinreich werden», sagte der Holzfäller, «und Ihr verlangt weiter nichts als zwei Werkzeuge, die ich dann doch nicht mehr brauchen kann? Das muß ich mir nicht lange überlegen. Es gilt!»

Der Mann im schwarzen Mantel zog ein Papier aus der Tasche: «Hier steht es schwarz auf weiß. Wir schließen einen Vertrag. Du unterschreibst und ich unterschreibe.»

Gesagt, getan.

«Morgen bei Sonnenaufgang», sagte der Mann und steckte das Papier wieder weg, «gehört dir alles, was du hier siehst. Und ich werde kommen und meine zwei Werkzeuge holen.»

Der Holzfäller kehrte zu seiner Hütte im Wald zurück. Unterwegs aber wurde er von einer Menschenmenge aufgehalten. Sie zogen ihm prächtige Kleider an und führten ihn in ein großes Schloß. Die Diener liefen sich die Beine lahm, um alles herbeizuschaffen, wonach er verlangte. Seine Pächter erschienen und brachten ihm das Geld, das sie ihm noch schuldeten. Die schönsten Mädchen bereiteten ihm das Lager, und er aß von goldenen Tellern und trank aus goldenen Bechern.

Er wußte nicht mehr, wie er ins Bett gekommen war, aber am anderen Morgen, als die Sonne aufging, stand der schwarze Mann neben seinem Bett und nahm seine beiden Arme mit. Von Stunde an verfluchte der Holzfäller seinen Reichtum und hätte alles preisgegeben, um seine Arme zurückzubekommen. Aber dazu war es zu spät.

Der zweite Bruder arbeitete in einem anderen Teil des Waldes. Der war genauso unzufrieden und träumte immerzu von der großen Stadt und was dort alles zu sehen wäre: prächtige

Gebäude und wunderschöne goldene und silberne Gegenstände. Da könnten einem die Augen übergehen beim Anblick der goldenen Dukaten. Und dann die vielen hübschen Frauen! Man möchte sie mit den Augen verschlingen.

Eines Tages saß er auf einem Baumstamm und trank seinen Kaffee. In Gedanken sah er alle seine Träume vor sich.

Plötzlich trat ein Mann in einem schwarzen Mantel aus dem Waldrand hervor, setzte sich neben ihn und fragte: «Sag, warum guckst du so sauer?»

Der Holzfäller erzählte ihm alles, und der Fremde meinte: «Das ist kein Kunststück – das kannst du alles bekommen, ohne daß du etwas dafür tun mußt. Das Schönste vom Schönen wirst du um dich haben, Juwelen, Gold und Silber werden dir gehören. Die teuersten und kostbarsten Kleider wirst du tragen und die hübschesten Mädchen werden dir dienen.»

Der Holzfäller fragte: «Und was soll ich dagegen setzen?»

«Heute nacht um Zwölf werden all deine Wünsche erfüllt sein. Das einzige, das ich von dir verlange, sind zwei Werkzeuge, die du dann doch nicht mehr brauchst.»

Der Holzfäller schlug sogleich ein und unterschrieb den Vertrag. Der Mann im schwarzen Mantel trat zwischen die Bäume, und von weitem vernahm der Holzfäller den Klang der Jagdhörner. Kurz darauf näherten sich ihm von allen Seiten prächtig gekleidete Menschen, er wurde auf ein Pferd gehoben und in die Stadt geführt. In einem Palast bekam er alles, was er begehrte, nur das Prächtigste und Teuerste sollte es sein. Alles glänzte von Gold und Edelsteinen. Die vornehmsten Herrschaften machten ihre Aufwartung, und die hübschesten Frauen umsorgten ihn.

Kurz vor Zwölf lag er mit der Allerschönsten auf einem großen Ruhebett – da erloschen alle Lichter. Der Mann im schwarzen Mantel stand neben ihm und nahm seine beiden Augen mit, die er im Dunkeln doch nicht brauchen konnte. Er war reich, und all seine Träume waren in Erfüllung gegangen, aber er verfluchte seinen Reichtum, denn das Licht seiner Augen erhielt er nie zurück.

Der jüngste Holzhacker befand sich an einer anderen Stelle im Wald. Während der Arbeit schaute er um sich und dachte: «Wie ist die Welt doch so schön! Ringsumher blühen Blumen, die Bienen sammeln Honig, die Hummeln sind arbeitsam, die Sonne wärmt mich, und der Wind kühlt mir die Stirn. Wenn es zu trocken wird, kommt Regen, und wenn es zu naß wird, strömt das Wasser aus den Wäldern, und ich kann trinken, so viel ich mag. Das Gestrüpp schützt mich gegen den Wind, und die hohen Bäume werfen ihren Schatten!»

Und dennoch nagten Unzufriedenheit und Widerspruch an seinem Herzen. Während er noch einmal um sich schaute, trat ein Mann in einem schwarzen Mantel aus dem Gesträuch.

«Erst hast du so zufrieden um dich geschaut», sagte der Mann. «Aber schließlich hast du doch den Kopf geschüttelt. Was gefällt dir nicht? Vielleicht kann ich dir helfen?»

Der Holzfäller antwortete: «Ich bin nicht eigentlich unzufrieden. Aber die Welt hier um mich herum ist so wunderschön, es wurmt mich, daß ich diese herrlichen Bäume, in denen die großen Vögel ihre Nester bauen, schlagen muß. Ich möchte leben, ohne daß das notwendig wäre. Aber ich habe sonst nichts gelernt als Holzfällen, und wie soll ich mich dann ernähren?»

Der Mann im schwarzen Mantel sagte: «Ich kann dir nichts bieten, was du nicht schon besitzest. Du wirst zufrieden sein mit dem, was du findest.»

Er trat in den Wald zurück, und der Holzfäller schlug die Axt wieder in den Stamm, den er fällen sollte. Als der Baum krachend stürzte, entdeckte er in dem Geäst ein übergroßes Vogelnest, gefüllt mit Goldstücken. Nun besaß er so viel, daß er fürs tägliche Leben keinen Baum mehr schlagen mußte. Er baute sich ein Haus in dem Wald, denn trotz seines Reichtums wollte er nicht ohne Bäume und Wind, ohne Sonne und Regen leben.

Der dankbare Tote

In einer Zeit, als für die Binnenschiffahrt kaum Arbeit zu finden war, lagen in Leeuwarden eine ganze Reihe von Schiffern beisammen und warteten auf eine Fracht. Da wurde bekannt gegeben, daß irgendwo im Moor Torf verladen werden sollte.

Kaum hatten die Schiffer das vernommen, da takelten sie schon ihre Schiffe auf und segelten davon, denn die Fracht sollte demjenigen vergeben werden, der zuerst ankäme, so hatte es geheißen. Dicht an dicht fuhren sie auf die Weite Ee hinaus, und da sahen die vordersten Schiffer eine Leiche im Wasser treiben. Aber sie fuhren unbeirrt weiter und riefen: «Ach, die wird schon verwesen!»

Auch die nachfolgenden Schiffer fuhren weiter, denn alle fürchteten sich, zu spät zu kommen. Einer der letzten jedoch strich die Segel, machte das Schiff fest und zog die Leiche aus dem Wasser. Am Ufer hob er ein Grab aus und legte den Ertrunkenen in die Erde.

Weil alle anderen Schiffer weitergesegelt waren, konnte er sich wohl ausrechnen, daß sie ihm die Fracht wegschnappen würden; dennoch hißte er das Segel und fuhr weiter. Unterwegs mußte er schleusen, und als er das Segel eingezogen hatte und in der Schleuse lag, kam ein unbekannter Mann auf ihn zu und fragte: «Habt Ihr auch Arbeit für mich? Oder kann ich so mitfahren?»

«Mitfahren immer», antwortete der Schiffer. «Und Arbeit gibt's auch. Aber ich kann dir nichts bezahlen, ich habe nicht einmal Essen für dich an Bord.»

«Das ist auch nicht nötig», sagte der Mann. «Essen habe ich selbst, und es reicht für Euch mit.» Er stieg auf das Schiff und teilte sein Brot mit dem Schiffer. Als sie durchgeschleust waren, übernahm der Fremde das Ruder, und der Schiffer erzählte ihm, worauf er aus wäre und warum er sich so verspätet hätte.

Als sie an einen Seitenarm kamen, dort, wo sie sonst geradeaus durch den Kanal gefahren wären, sagte der Mann am Ruder: «Hier werden wir nach rechts fahren.»

«Nein, nein, das geht nicht», widersprach der Schiffer. «Das ist ein toter Wasserarm.»

Da antwortete der Mann: «Für mich gibt es keine toten Gewässer», und er warf das Ruder herum und fuhr in den Seitenarm hinein. Und was der Schiffer noch nie gesehen hatte – vor ihnen lag kein totes Loch, sondern ein breiter Fluß. Mit vollen Segeln fuhren sie diesen Fluß hinab, und zum Erstaunen des Schiffers kamen sie als erste im Moor an. Der Fremde half ihm, den Torf zu laden. Sie hatten die Fracht schon drin, als endlich die anderen Schiffer ankamen.

Der Schiffer sprach zu dem Mann: «Du hast mir sehr geholfen. Ich habe gesagt, daß ich dir keine Arbeit und keinen Lohn bieten kann. Aber was kann ich dir für deine Hilfe geben?»

Der fremde Mann antwortete: «Du hast mir meinen Lohn gegeben, als du meine Leiche aus dem Wasser gezogen und am Ufer begraben hast.» Und im Augenblick war er verschwunden.

Der Schiffer ist nie wieder ohne Arbeit gewesen, immer erreichte er als erster die Stelle, wo Fracht aufgenommen werden sollte.

Wunderliche Geschichten

Die zwei Riesen, die sich gegenseitig verprügeln wollten

Zwei Riesen, der Große Gustel und der Wilde Willi, lebten jeder auf einer Seite eines hohen Berges. Einer hatte wohl vom anderen gehört, aber sie hatten sich nie getroffen. Beide hatten eine große Klappe und konnten mächtig angeben.

Eines Tages sagte der Große Gustel zu seiner Frau: «Der da drüben, der hat ein viel zu freches Mundwerk. Ich werde einmal hingehen und ihm eine Tracht Prügel versetzen.»

Er stieg den Berg hinauf und auf der anderen Seite wieder hinunter. Am Fuß des Berges saß die Riesenfrau vom Wilden Willi.

Der Große Gustel trat auf sie zu: «Dein Kerl, ist das der Riese mit der großen Klappe?»

«Ich bin mit dem Riesen verheiratet», antwortete sie. «Ob er eine große Klappe hat, weiß ich nicht. Möchtet Ihr ihn sprechen?»

«Nein», sagte er, «das habe ich nicht vor. Ich will ihn verprügeln.»

«Ach so, dann werdet Ihr drei Stunden warten müssen», sagte sie, «er pinkelt gerade!»

«Was, er pinkelt?»

«Glaubt Ihr mir nicht?» fragte die Riesin und zeigte nach oben. Dort stürzte ein Wasserfall den Berg hinunter, wohl zwanzig Ellen fiel das Wasser schäumend in die Tiefe. «Da seht Ihr es. Er hat eben angefangen, Wasser zu lassen, und dann braucht er drei Stunden, bis er fertig ist. Aber das macht nichts. Setzt Euch, dann koche ich eine Tasse Kaffee.»

Der Große Gustel dachte: «Donnerwetter, wenn der so viel

Wasser in der Blase hat, dann wird er auch entsprechende Muskeln besitzen. Ich verschwinde lieber.»

Er sagte also: «Nein, nein, ich habe es mir anders überlegt. Ich gehe wieder.»

«Wie Ihr wollt», meinte die Riesin.

Kurz darauf kam der Wilde Willi nach Hause. Er war im Wald gewesen.

«Es hat jemand nach dir gefragt», sagte die Riesin, «der dämliche Riese von drüben.»

«So, und was wollte er?»

«Er wollte dich verprügeln.»

«Wo ist er? Ich werde ihn schon kriegen!»

«Nein, mein Lieber, das geht nicht», sagte sie. «Er ist schon heimgegangen. Ich habe ihm etwas vorgeschwindelt. So und so.»

Da war nichts mehr zu machen.

Aber der Wilde Willi ärgerte sich doch, und am nächsten Morgen sagte er zu seiner Frau: «Weißt du, was ich heute mache? Jetzt gehe ich rüber, und dann bekommt er von mir eine Tracht Prügel.»

Er stieg über den Berg. Der Große Gustel sah ihn kommen. Donnerwetter, dachte er, das sieht schlecht aus. Der ist ja riesig! Er ist bestimmt stärker als ich.

Er rannte ins Haus und sagte zu seiner Frau: «Jetzt sitze ich in der Tinte. Dort kommt der dämliche Wilde Willi von drüben, und der wird mich totschlagen. Was sollen wir machen? Ich kann ihm nicht entwischen.»

Die Riesin schaute ihn an und sagte: «Ich weiß wohl Rat. Ins Bett mit dir! Und die Decken oben drüber. Mach schnell und halts Maul!»

Der Große Gustel kroch unter die Decke.

Bald erschien der Wilde Willi. Er trat gegen die Tür und schrie: «Der Feigling soll herauskommen. Ich schlage ihn mausetot!»

Aber Groß-Gustels Frau riß die Tür auf und sagte: «Halte du doch die Klappe da draußen. Das Kind wacht sonst auf!»

Der Wilde Willi steckte den Kopf durch die Tür. Gleich fing die Frau an zu singen: «Schlaf, Kindchen, schlaf.» Und sie zupfte an den Decken herum.

Der Wilde Willi knurrte: «Wo ist denn das Kind?»

«Seid doch leise. Eben ist es eingeschlafen. Hier liegt es, im Bett.»

Der Wilde Willi schaute nach dem Bett. Dort lag ein ganzer Berg unter den Decken. Er dachte bei sich: «Wenn dies das Kind vom Großen Gustel ist, wie groß mag er dann wohl selber sein?»

Deshalb sagte er: «Na ja, ich habe es mir anders überlegt, ich gehe heim. Grüß ihn von mir.» Und er stieg den Berg wieder hinauf und auf der anderen Seite wieder hinunter.

Seit der Zeit haben die Riesen sich ebensowenig getroffen wie vorher, und darum haben sie sich auch nie geprügelt. Sie lebten recht friedlich, und die beiden Riesinnen waren auch zufrieden!

Das Schiff von Sinter-Nüt

Es war einmal ein Schiff, das war so übermäßig groß, daß man es gar nicht sagen kann. Das war das Schiff von Sinter-Nüt.

Es hatte beim Bau schon Schwierigkeiten gegeben. Nirgends konnten sie einen Baum finden, der lang genug gewesen wäre, um einen Mast abzugeben. Deshalb hatten sie sieben Bäume übereinander wachsen lassen, und daraus wurde der Mast geschnitten. Dieser Mast war so hoch: Sollte ein Matrose hinaufklettern, dann mußte er sieben Paar Hosen mitnehmen. Denn auf dem Wege hinauf und wieder herunter zerschliß er so viele Hosen, daß er sonst mit nacktem Hintern wieder unten angekommen wäre.

Das Krähennest im Mast war so groß, daß der Ausguck zweimal das Pferd wechselte, bis er auf die andere Seite gelangte. Unterwegs war eine Herberge, wo er etwas essen konnte, und ein Schmied, der die verbrauchten Hufeisen auswechselte.

Ein Seemann, der sommers zur obersten Rahe geschickt wurde, mußte sich unterwegs eine Pelzjacke kaufen, um nicht zu erfrieren. Die Wanten waren entsprechend groß, und wehe, wenn es dann auch noch gefroren hatte. Deshalb versuchten sie immer, für den Winter Friesen anzuheuern, denn wenn das Tauwerk gefroren war, konnten nur noch die Friesen auf Schlittschuhen über die Taue hinauflaufen.

Ein Matrose, der am Nordpol aus der Takelage geblasen wurde, fiel ein Vierteljahr später in Indien herunter und landete zwischen Affen auf einer Palme.

Wenn eine Trosse gehievt wurde, brauchten sie drei Pferdegespanne, um die Strangen durchzusetzen.

Das Schiff war so außergewöhnlich groß, weil es für Riesen gebaut worden war. Der Schiffer, der am Steuerruder stand, war ein solcher Riese, und der Koch und der Bootsmann auch. Aber es gab bestimmt nicht genug Riesen, um das ganze Schiff zu bemannen, deshalb mußte auch eine Schar gewöhnlicher Männer darauf dienen.

Das Ungeziefer an Bord war riesengroß, aber die anderen Tiere, die sie mitgenommen hatten, waren ganz alltäglich. So standen die Riesen mit einem Fuß in der kleinen Welt, und die kleinen Menschen hatten Teil an der Riesenwelt.

Aber zurück zum Schiff. Die Zähne des aufrechten Löwen am Achtersteven waren so groß, daß eine Kompanie Matrosen mit sechs Kanonen darauf Platz fand. Die Kugeln wurden einzeln mit der Winde hinaufgehievt. Im Sturm ging ein Mastbaum verloren. Auf der Insel, wo er angeschwemmt wurde, haben sie ihn zersägt und dann sieben Bauernhöfe damit ausgezimmert. Als eine der Pumpen versagte, stellte sich heraus, daß ein Walfisch vor dem Saugloch lag. Ein Rettungsboot faßte genug Vorräte, um eine Hungersnot in Indien zu beheben.

Vier Matrosen ruderten im Sommer hinaus, um das Steuerruder zu teeren. Sie trugen Papageien auf den Schultern, und Äffchen kletterten an den Riemen herum. Im Frühjahr kehrten sie wieder, in Felle gekleidet von Eisbären, die sie unterwegs erlegt hatten. Als sie auf der Nordsee eine Kanone abfeuerten, regneten in West-Indien die Kokosnüsse aus den Palmen. Wenn sie in Deutschland die Wassertonnen auffüllten, sank in den russischen Seen der Wasserspiegel auf den Grund.

Man kann sich gar nicht vorstellen, wie lang und wie breit das Schiff war! Wenn es kräftig schneite, bildeten sich große Schneefelder auf Deck. Dann schickte der Kapitän, weil sie sich sonst nicht mehr verständigen konnten, siebenundzwanzig Schellenschlitten mit Pferden auf den Weg über das Schiff, die er sonst in einem Schränkchen in seiner Kajüte aufbewahrt hatte.

Als zwei Schiffshunde an Bord gebracht wurden, warf die Hündin unterwegs zweimal Junge, ehe man sie in ihre Hütte sperren konnte. Wenn auf dem Vordersteven Frühling war, herrschte Sommerwärme unter dem großen Mast, war es Herbst auf der Kampagne und konnten sie auf dem Achterdeck Schlitten fahren. Quoll am Bug der Teer aus den Nähten, dann hackten sie auf dem Achterdeck Eis.

Ein Junge wurde mit Kaffee auf das Vorschiff geschickt. Als er ankam, hießen sie es eine Schande, einen alten Mann eine solche Arbeit verrichten zu lassen. Die Seeleute zogen mit Booten ihre Fischernetze durch die Wassergänge.

Der Schiffsanker war so ungeheuer schwer, daß er, wenn sie ihn ausgeworfen hatten und das Schiff noch Fahrt hatte, tausend Meter tiefe Risse in den Meeresboden schleifte. Fiel aber der Anker mit einem Schlag auf den Grund, dann erhoben sich auf der anderen Seite der Erde ganze Berge. Wenn einmal der Anker über einen steinigen Boden kratzte, so schlugen solche Funken heraus, daß das Meer zu kochen anfing.

Man kann sich wohl denken, welch schweres Zeug ein solches Schiff benötigte, denn es mußte viel aushalten, wenn ein kräftiger Wind blies. Sollte dennoch ein Riß im Segel geflickt werden, dann mußten drei Mann die Nähnadel festhalten, zwei fädelten ein, und jeder Stich wurde von einem Pferd festgezogen. Hatten sie alle Segel gesetzt, dann brauchten sie so viel Wind, daß er nirgendwo sonst auf der Welt blasen konnte. Sie segelten zuweilen mit einer solchen Geschwindigkeit, daß die Matrosen schnell vorwärts laufen mußten, um nach hinten zu gelangen. Bei Sturm gingen die Wogen so hoch, daß sie Schnee von den Wellenkämmen einsammeln konnten.

Das war mir was mit den Riesen! Wenn der Kapitän über Bord pinkelte, regnete es warmes Wasser in der ganzen Welt, und als er bei Nova Zembla einen fahren ließ, kam am Südpol ein Sturm auf. Auf einer Prieme, die er über Bord gespuckt hatte, brachten die Seehunde ihre Jungen zur Welt, und die Möwen bauten ihr Nest darin.

Der Steuermann verschüttete einen Tropfen Korn aus seinem Glas, da wurden die Walfische betrunken und bliesen dreimal so hoch wie sonst. Aber auch der Schiffer verstand sich aufs Saufen! Immer hatte er Durst. Und einmal, als warmes Wetter war, verlangte er einen Trunk mit einem Eisbrocken. Das Getränk hat er ausgetrunken, aber den Klumpen Eis, der im Glas geblieben war, warf er über Bord, und an der Stelle liegt jetzt noch die Insel Island.

Sie verschlangen riesige Mengen, die Riesen, aber einmal hatte der Koch doch allzu reichlich Essen gekocht; es blieb ein Rest, und weil der Koch nicht wußte, was damit anfangen, schaufelte er das Gemüse über Bord. Auf dem Grund des Meeres bildete sich ein solcher Berg, daß daraus die Insel Grönland entstanden ist.

Wenn der Koch den Deckel vom Kochtopf lupfte, stieg soviel Dampf auf, daß man zwischen dem Kanal und Grönland vor lauter Nebel keine Hand vor Augen mehr sehen konnte. Unendlich groß war dieser Kochtopf. Während eines heftigen Sturmes wurden sieben Fischerboote von einer Welle durch das Bullauge ins Schiff geschwemmt. Sie landeten im Kochtopf. Und erst eine Woche später merkten sie, daß sie nicht mehr auf See fuhren, sondern die ganze Zeit im Kochtopf auf dem Schiff von Sinter-Nüt gefischt hatten.

Wenn der Koch Mehl für Pfannkuchen abwiegen sollte, stellte er Elefanten als Gewichte auf die Waagschale. Die Katze des Küchenjungen geriet versehentlich in eine Dose mit Dauerwurst. Ein Jahr später fand er sie wieder. Sie hatte Junge geworfen, und neun wilde Katzen jagten aus der halbaufgefressenen Wurst.

Die gewöhnlichen Menschen an Bord mußten sich vor dem riesigen Ungeziefer sehr in acht nehmen. Als einmal einem Matrosen eine Wanze auf den Kopf fiel, mußten sie ihn mit einer Gehirnerschütterung zum Wundarzt bringen. Die Löcher, die die Holzwürmer in die Spanten fraßen, reichten aus, um die Seemannskisten hineinzustellen. In den Kojen der Matrosen aber hausten so tückische Mücken, daß sie durch drei Zoll starke Bretter hindurchstachen. Ein Hai verschluckte sich an einer Schmeißfliege, die sie mit einer Kanone vor dem Bullauge weggeschossen hatten.

Es schwammen Haie in den Wasserfässern, um die Wasserläuse wegzufangen. Die Maden im Pökelfleisch waren so dick, wenn sie eine davon ausbrieten, dann reichte das Fett zehn Jahre lang, um die Blöcke durchzuschmieren. In einer Ecke der Kampagne lauerte eine Kreuzspinne, die Seemöwen fing, um ihr Leben zu fristen. Für die großen Ratten an Bord mußten fünf Mann an einer Winde die Rattenfalle aufspannen. Eine Riesenpflanze war auch an Bord: Der Kapitän stellte einen Viehzüchter mit zwölf Kühen ein, das Gras in seinem Blumentopf abzuweiden.

Was hier erzählt wird, ist alles wahr.

Aber es war auch ein Matrose an Bord, der konnte so stark lügen, daß sogar der liebe Gott ihm glaubte.

Das Schiff von Sinter-Nüt gibt es nicht mehr, und doch ist es noch da.

Als der Kapitän einmal am Steuer stand, wollte er wissen, wie schnell das Schiff nun eigentlich segeln könnte. In einem fliegenden Sturm gab er den Befehl, alle Segel zu setzen. Das Schiff erreichte eine solche Geschwindigkeit, daß es unter vollen Segeln von der Erde weg in die Luft gesegelt ist. Zuweilen, wenn es donnert, kann man das Klappern des Segels noch hören.

Ich weiß noch gut, wie ich als kleiner Junge mit einem Kahn irgendwo bei Reahel an Wall lag. Es drohte ein gräßliches Unwetter, der Himmel war ein wilder Wirbel.

Da sagte mein Vater: «Das Schiff von Sinter-Nüt fährt vorbei.»

Ein Blitz jagte den anderen, aber Vater sagte: «Ei, davor brauchst du keine Angst zu haben – das sind nur die Funken aus der Pfeife des Schiffers von Sinter-Nüt.»

Das schwarze Huhn

In einem Schloß, wo viele Leute dienten, wurde immer wieder etwas entwendet. Sie konnten den Dieb nicht fassen, aber es mußte einer aus der Dienerschaft sein.

Der Schloßherr wußte sich nicht mehr zu helfen und suchte Rat bei einer alten, weisen Frau.

Als er ihr alles dargelegt hatte, sprach die Alte: «Ich werde kommen!»

Sie erschien im Schloß, hatte sich aber so verkleidet, daß sie ganz unkenntlich war. Am Arm trug sie einen kleinen Korb, und darin saß ein schwarzes Huhn.

Sie sagte: «Jetzt müßt ihr alle an mir vorbei gehen, und jeder soll mit der rechten Hand über dieses Huhn streichen. Wenn unter euch ein Dieb ist und der das Huhn berührt, dann fängt es an zu gackern.»

Alle, bis zum kleinsten Stalljungen, kamen und fuhren mit der Hand über das Huhn, aber als alle vorbei waren, hatte das Huhn noch nicht gekakelt.

«Also», sagte die Alte. «Dann müßt ihr mir jetzt alle eure rechte Hand zeigen.» Das taten sie. Und einer von ihnen, der Geselle, hatte eine weiße Hand; alle anderen rechten Hände waren schwarz. Die alte Frau hatte das Huhn mit Holzkohle geschwärzt. Der Geselle wurde ins Verhör genommen und hat bald alles gestanden.

Der Vogel mit den drei Wunschfedern

Es war einmal ein Schiffer, der geriet in einen gewaltigen Sturm. Die Segel wurden von dem Mast gerissen, und hohe Wellen brachen über das ganze Schiff.

Plötzlich sah er einen großen Vogel, der um das Schiff kreiste. Eine Böe schlug den Vogel gegen den Mast, und er fiel auf Deck. Unter Lebensgefahr kroch der Schiffer nach vorne, packte den Vogel und trug ihn in die Kajüte. Nun mußte er sehen, daß er wieder ans Ruder käme; als er aber hinaufkletterte, hatte sich der Sturm gelegt.

Der Schiffer ließ sich wieder in die Kajüte hinab. Dort saß der Vogel und sprach zu ihm:

«Weil du mich gerettet hast, will ich dir eine Gunst gewähren. Du darfst drei Federn aus meinem Schwanze ziehen. Aus den Kielen mußt du Schreibfedern schneiden. Jede Feder hat einen Wunsch frei. Wenn du ihn damit aufschreibst, dann wird er erfüllt.»

Der Schiffer riß dem Vogel drei Schwanzfedern aus, und wie er sie in der Hand hielt, so waren es drei goldene Schreibfedern. Dann ließ er den Vogel fliegen.

Zurück in der Kajüte, suchte der Schiffer ein Blatt und setzte sich an den Tisch. Er nahm die erste Feder und schrieb: «Ich wünsche mir einen Schatz.» Im Augenblick lag ein Schatz im Schiffsraum.

Aber als der Schiffer den Schatz sah, fürchtete er sogleich, er könnte gestohlen werden oder die Menschen könnten glauben, er hätte ihn gestohlen. Deshalb nahm er die zweite Feder und schrieb den zweiten Wunsch: «Ich wünsche den Schatz an einen

E.P.

Ort, wo ihn niemand finden kann.» Alsbald war der Schatz verschwunden. Und weil niemand wußte, wo er lag, so wußte es auch der Schiffer nicht.

Nun nahm er die dritte Feder und schrieb den letzten Wunsch: «Ich wünsche den Schatz an einen Ort, wo er gefunden werden kann.»

Jetzt wußte er plötzlich, wo sein Schatz lag, und er segelte so schnell er konnte zum Hafen, um ihn zu holen. Als er ankam, erkannte er freilich, daß auch andere Menschen wußten, wo der Schatz zu finden wäre. Und sie waren ihm zuvorgekommen. Alles war weg.

Der Schiffer ist wieder an Bord gegangen. Er ist sein ganzes Leben Schiffer geblieben. Und er hat nie wieder dumme Wünsche geäußert. Er hat gelernt, zufrieden zu sein mit dem, was er besaß.

Mein Pferd steht schon im Stall!

Ein Bauer hatte am Stammtisch etwas zu tief ins Glas geschaut. Als er nach Hause gehen wollte, sagten sie zu ihm: «Willst du wirklich gehen? Du mußt auch an dem Feld vorbei, wo es spukt.»

«Spukt es dort? Das glaube ich nicht. Das Stück Land gehört mir schon so lange, und ich habe noch nie ein Gespenst gesehen.»

Er machte sich auf den Weg.

Er kam an den Feldrand und meinte, daß drüben auf der anderen Seite des Wassergrabens etwas wäre. Plötzlich hörte er eine Stimme: «Guten Abend!»

Er sagte: «Moin», schaute nach allen Seiten – und sagte bei sich: «Da ist doch nichts. Zu wem sage ich Moin?»

Er lief ein Stück weiter und meinte wieder, daß an der anderen Seite des Wassers etwas wäre.

Wieder kam die Stimme: «Guten Abend!»

Wieder sagte er: «Moin!» Aber dann fragte er: «Wer bist du eigentlich?»

Eine Antwort bekam er nicht.

«Zum Kuckuck», dachte er.

Er ging weiter und dachte: «Mir ist alles egal, ich will wissen, wer du bist! Jemand hat Guten Abend gesagt, also muß da jemand sein.» Er sprang über den Graben und dachte: «Wenn du wieder was sagst, dann packe ich dich gleich am Schlafittchen!»

Es dauerte ein Weilchen, dann kam die Stimme von dem Weg, den er zuerst gegangen war, und sagte: «Guten Abend!»

«Das ist unmöglich», dachte er. «Aber wenn du meinst, daß du mich zum besten haben kannst – ich werde dich schon kriegen!»

Er sprang also wieder über den Graben und sah wieder nichts. Er ging weiter den Weg entlang, bis die Stimme vom Feld drüben kam: «Guten Abend!»

Zum zweiten Mal sprang er hinüber. Aber wenn er auf dem Feld lief, kam die Stimme vom Weg, und wenn er auf dem Weg ging, tönte es vom Feld. Das ging so einigemale hin und her.

Der Bauer begriff wohl, daß da etwas nicht stimmte, aber er verlor die Fassung nicht. Er dachte bei sich: «Dort läuft mein Pferd, und das Pferd bringt mich nach Hause. Dann wollen wir mal sehen, wer schneller ist, ich oder der Teufel!»

Er holte sein Pferd und ritt so schnell er konnte nach Hause. Er kam heim, ohne daß er etwas gehört hatte. Als er aber hinter dem Haus von seinem Pferd stieg, war da die Stimme wieder und sagte: «Mein Pferd steht schon im Stall!»

Der kleine Zaunpfahl von Oosterlittens

In Oosterlittens wohnte ein Schuster. Ein armer Schlucker war das. Bei Schustern und Webern ist wohl immer Schmalhans Küchenmeister, zumindest steht es so in den Geschichten. Einmal aber sagte dieser Schuster: «Ich wünschte mir, daß es uns besser ginge!»

«Ich auch», sagte seine Frau. «Aber du kannst doch nicht mehr tun, als zu arbeiten, denn wenn du mehr Geld verlangst, wirst du zu teuer. Und dann bleiben die Kunden auch noch weg.»

«Ja ja, das weiß ich. Es bleibt einem keine Wahl.»

Aber es ließ ihm keine Ruh. Nachts wälzte er sich im Bett und sann und grübelte, wie er die Sache ändern könnte. Und wie es so geht – wenn man dann endlich einschläft, dann träumt man.

Der Schuster träumte von Amsterdam. Dort war er allerdings sein Lebtag noch nie gewesen. Im Traum wurde ihm gesagt, er solle eine bestimmte Brücke in Amsterdam suchen, und dann müsse er sich aufs Geländer setzen. Irgend jemand würde zu ihm kommen und ihm etwas erzählen, was ihm großen Gewinn brächte. Er sah die Brücke im Traum so genau, daß er sie später wohl wiedererkennen konnte.

Auf nach Amsterdam! Er suchte und suchte, aber es war schwer, die Brücke zu finden. Er fragte hier und fragte dort, bis er einen waschechten Amsterdamer traf.

Der Schuster sagte: «Ich suche hier eine Brücke. So und so sieht sie aus.»

«Ach ja», antwortete der Amsterdamer. «Da und da geht's hin. Dort ist die Brücke.»

Er dahin, und wirklich, die Brücke sah so aus, wie er sie im Traum gesehen hatte, und auch die Stelle, wo er sich hinsetzen sollte.

Es war so wie auf dem Lande: Auch auf einer Brücke gab es immer Sprücheklopfer. Nicht lange, da kam schon einer daher.

«Ihr seid wohl nicht von Amsterdam?»

«Nein, ich bin ein Friese.»

«Das höre ich.»

«Ach ja, ich war müde und habe mich hier hingehockt. Ich habe heute nacht nicht gut geschlafen. Dann träumt man so dies und das. In meinem Traum war ich auch schon in Amsterdam!»

«So was! Ich hatte in der Nacht auch einen seltsamen Traum!»

«O ja, was war denn?»

«Ich träumte, ich sei auf Reisen. Irgendwo in Friesland, in einem Dorf. Die Kirche sah ich deutlich vor mir.»

Und der Mann gab eine ausführliche Beschreibung von dieser Kirche. Der Schuster hörte mit sieben Paar Ohren zu. Denn der Mann beschrieb haargenau die Kirche von Oosterlittens. Ihr kennt sie ja, die mit dem Angelusglöckchen im Dachreiter.

Der Amsterdamer erzählte weiter: «Und gleich neben der Kirche ging es in eine Gasse hinein. Am Ende stand ein kleines Haus. Und bei diesen Leuten stand im Vorgarten, mitten auf dem Rasen, ein kleiner Zaunpfahl. Sie hatten ein Brettchen draufgenagelt, um den Vögeln Futter zu streuen. Es stand auch ein Mädchen in der Türe, das konnte ich sehen, und das bekam ein Paar Schuhe ausgehändigt. Ich dachte gleich, ob dort wohl ein Schuster wohnt? Und plötzlich war alles weg.»

Voller Spannung hatte der Schuster zugehört. Aber er sagte nichts als: «Ein seltsamer Traum!»

«Ja, denn ich war noch nie in Friesland und weiß gar nicht, wie es dort aussieht. Wird wohl alles nicht stimmen.»

Es kam noch einer auf die Brücke, noch ein Tratscher, und die Geschichte war aus.

«Also», sagte der Schuster. «Mir geht's wieder besser. Ich muß weiter.» Er lief zu der Anlegestelle und fuhr mit dem Nachtboot nach Lemmer, und von Lemmer machte er, daß er nach Oosterlittens kam.

«Na, wie weit bist du gekommen?» fragte seine Frau. «Viel Geld verfahren und nichts erreicht, wie?»

«Das weiß ich noch nicht. Heute abend, wenn's dunkel ist, werde ich den Spaten nehmen.»

«Was willst du damit?»

«Das wirst du schon sehen!»

Die Frau war so neugierig wie ein Huhn mit einem gläsernen Sterz. Aber er sagte nichts, er stellte sie auf die Probe.

«Du wirst schon sehen, heute abend», sagte er noch einmal.

Als es schon ziemlich dämmrig war – sie wohnten ganz am Ende der Gasse – packte er den Spaten, zog den kleinen Pfosten aus der Erde und fing an zu graben. Die Frau stand mit der Nase drauf.

Kaum hatte er angefangen, da stichelte sie schon: «Glaubst du, daß hier in der Erde etwas liegt? Ist es dir in den Kopf gestiegen? Hast du zu viel getrunken?»

«Nein. Dazu reichte das Geld nicht. Hab nur noch ein wenig Geduld!»

Er grub weiter, und dann stieß der Spaten auf etwas Hartes. Er fing an, das Loch zu erweitern, er warf sich auf die Knie, lag schließlich flach auf dem Boden, denn das Loch war schon recht tief. Er tastete und grub, und dann, wirklich, dann hob er einen Kupferkessel heraus. Einen ganz gewöhnlichen Kupferkessel. Die Frau war ebenso erstaunt wie er.

Mit dem Kessel ins Haus. Deckel ab. Der Kessel war prall gefüllt mit Goldmünzen. Gold! Die Frau konnte kaum an sich halten, als sie das viele Gold erblickte, sie, die sonst kaum je einen silbernen Reichstaler zu Gesicht bekam.

«Das ist ja ein Vermögen!» sagte sie.

«O ja, es sind noch dazu alte Münzen. Die sind noch mehr wert.»

Sie wollten ab und zu eine Münze verkaufen, dann hätten sie reichlich Geld auf der Hand. Aber was mit dem Kessel anfangen?

Er sah recht unscheinbar aus. Der Schuster wollte ihn wieder in das Loch werfen, ehe er es einebnete.

«Nein», sagte seine Frau. «Nein. Laß ihn nur stehen. Du weißt nie, wozu du ihn brauchen kannst.»

Der Schuster warf das Loch zu und pflanzte den Zaunpfahl darauf. Die Grasnarbe wurde wieder sorgfältig darüber gelegt und festgetreten, damit niemand merken sollte, daß der Pfosten weg gewesen war.

Der Kessel aber stand unbeachtet hinten im Schuppen. Bis die Frau eines Tages überlegte: «Wenn ich ihn blank putze, ist das ein Prunkstück!» Sie fing an zu scheuern.

«Schau», sagte sie. «Da sind Buchstaben drauf.»

«O ja? Was steht denn da?»

«Das kann ich nicht lesen.»

Der Schuster kam hinzu. «Das kann ich auch nicht lesen. Lassen wir's.»

Der Kessel wurde auf den Kaminsims zur Schau gestellt. An Weihnachten kamen der Pfarrer und der Gemeindeälteste auf Hausbesuch.

Der Pfarrer sagte: «Was haben Sie denn da für einen seltsamen Kessel? Ich habe oftmals alte Kessel gesehen, aber einen solchen noch nie.»

«Ach, der stammt noch aus unserer Familie», antwortete die Schustersfrau. Sie wollte nicht ausplaudern, wie sie dazu gekommen wären.

«Aber ich kann ihn nicht entbehren», fuhr sie fort. «Es ist ein Andenken.»

«Da haben Sie recht», meinte der Pfarrer. «Sie sollten ihn nicht verkaufen. Darf ich ihn mal anschauen?»

«Bitte!»

Dann sagte der Pfarrer: «Da sind Buchstaben drauf.»

«Na ja, es ist etwas hineingeritzt. Aber wir haben uns nie darum gekümmert, was das heißen könnte.»

«Es ist Latein.»

«Und was heißt es denn?»

Der Pfarrer brauchte ein Weilchen, es zu entziffern, denn es waren altertümliche Buchstaben. Aber dann gelang es ihm doch.

«Unter diesem Kessel ist noch ein Kessel.»

«Sonderbar», sagte die Frau. «Ich habe noch nie etwas darunter gefunden.» Sie stieß ihren Mann mit dem Fuß an, und beide hielten sich wacker.

Der Pfarrer las einige Verse aus der Bibel. Sie hörten kaum zu. Er sprach ein Gebet, und dann gingen sie zusammen weg, der Pfarrer und der Gemeindeälteste. Als es Abend wurde, sagte der Schuster:

«Der Pfahl muß halt wieder raus!»

Er grub zum zweiten Mal und fand einen noch größeren Kessel, gefüllt mit Goldmünzen.

«So, jetzt haben wir ausgesorgt», sagte der Schuster. «Dieser Hausbesuch hat sich doch gelohnt.»

Sie kauften ein schmuckes Haus in der Dorfstraße und zogen aus der kleinen Gasse weg. Einen kleinen Schuhladen führten sie nebenher und hatten ihr gutes Auskommen. Dort sind sie alt geworden, und alle Kinder haben einen guten Platz im Leben gefunden.

Der kleine Mann und der Riese

Es war einmal ein kleiner Mann, der ging eines Morgens im Wald spazieren. Es war prächtiges Wetter. Eine kleine Strekke war er gegangen, als er auf dem Weg ein totes Vögelchen fand.

«Ach, es hat so schöne Federn, ich nehme es mit», dachte er. Er steckte es in seine Tasche.

Er spazierte noch ein Stückchen weiter, da sah er ein Vögelchen, das hatte sich in den Dornen verfangen. Aber das war noch sehr lebendig. Es war ein schönes Vögelchen, er steckte es auch in seine Tasche.

Er ging noch weiter, und als er dann umkehren wollte, o weh! Da merkte er, daß er sich verirrt hatte. Er suchte lange und sah sich um, ohne daß er den Weg wiederfand. Nach und nach wurde es dunkel. Dann sah er von weitem ein Licht brennen. Darauf ging er zu. Er fand ein Haus. Er klopfte an, und ja, dort wohnte ein Riese.

Da stand nun der kleine Mann.

«Kann ich heute nacht hier schlafen?» fragte er.

Was hätte er sonst tun sollen?

«Aber ja, nur hereinspaziert», sagte der Riese und hoffte, am anderen Morgen einen Leckerbissen an dem kleinen Kerl zu haben.

«Du kannst in meinem Bett schlafen.»

Der kleine Mann bekam erst noch etwas zu essen und legte sich dann schlafen. Aber das Bett war viel zu groß. Er kroch überquer in eine kleine Ecke. Mitten in der Nacht dachte der Riese:

«So, jetzt will ich ihn umbringen, wart, ich säge das Bett einfach mittendurch.»

Weil aber der kleine Mann quer in einer Ecke lag, geschah ihm nichts. Am anderen Morgen wachten beide auf, und der Riese sah, daß er das Männlein nicht totgesägt hatte.

«Dann geh ich mal wieder», sagte der kleine Mann.

«Oh nein, so einfach lasse ich dich nicht gehen», antwortete der Riese. «Du mußt können, was ich auch kann. Kannst du es nicht, so fresse ich dich auf.»

Der Riese nahm einen Stein und drückte ihn so, daß Wasser herausspritzte.

«Nimm du auch einen Stein, und mach mir's nach!» sagte er.

Der kleine Mann tat, als nähme er einen Stein auf, zog dabei aber das tote Vögelchen aus der Tasche und hielt es so in der Hand, daß nichts zu sehen war. Dann drückte er einmal kräftig, und blutiges Wasser lief heraus.

Der Riese machte ein langes Gesicht, aber er sagte: «Du bist mit mir noch nicht fertig. Ich werde einen anderen Stein nehmen und so hoch werfen, daß er erst nach sechs Stunden wieder herunterfällt.»

Der Riese warf den Stein so hoch, daß nicht zu sehen war, wo er blieb.

«Du bist dran!» sagte er.

Der kleine Mann aber nahm das lebendige Vögelchen aus der Tasche und warf es in die Luft. Es flog fort und kam nie wieder. So konnte der kleine Mann den Riesen übertrumpfen, und der ließ ihn gehen.

Wie die schwarzbunten Rinder nach Friesland gekommen sind

Es war in der Zeit, als Jesus auf Erden wandelte, da diente ein junger Friese in dem römischen Heer, das in Galiläa lagerte. Die friesischen Kühe waren damals noch schneeweiß, und der Friese nahm wacker den Mund voll, wie schön dieses Vieh wäre. Das kam dem Statthalter zu Ohren, und er trug dem Friesen auf, in sein Land zurückzukehren und dort einen der besten Bullen zu holen.

Als der Soldat mit einem schönen weißen Stier zurückkam, war der Statthalter außer sich vor Freude. Er fing an, einen eigenen Viehbestand zu züchten. Der Friese wurde vom Kriegsdienst freigestellt und hatte sonst nichts zu tun, als den Bullen zu hüten.

Eines Tages hütete er den Stier auf den galiläischen Weiden, als Jesus mit seinen Jüngern dort umherzog. Jesus sprach zu der Menge, und der Friese geriet ganz in den Bann der Verkündigung. So erging es auch vielen anderen Menschen, die ihm folgten. Sie wichen nicht von der Stelle, aber schließlich wurden sie doch hungrig. Und da hat der Friese, ohne daß ihn jemand darum bat, den Stier geschlachtet und das Fleisch ohne Ansehen der Person jedem, ob er nun weiß oder schwarzhäutig war, gegeben.

Als alle gesättigt waren, besaß er nur noch das weiße Fell. Nun mußte er fliehen, denn der Statthalter hatte erfahren, daß er seinen kostbaren Bullen geschlachtet hatte, und wollte ihn töten lassen.

Jesus aber sagte zu ihm, er solle das Fell auf der Flucht mitnehmen und in das Land zurückkehren, aus dem er stamme. Er folgte dem Rat, und als er nach Hause kam, breitete er das Fell in einer Viehbox aus. Am anderen Morgen aber, als er in den Stall kam, war das Fell verschwunden, und auf dem Platz stand ein schöner schwarz-weißer Stier.

So kam das schwarzbunte Vieh nach Friesland.

Kein Salz in der Suppe

Eine Schifferin hatte einen Topf Suppe gekocht, aber das Salz hatte sie vergessen. Der Schiffer kam in die Kombüse und kostete ein wenig.

«Das Salz fehlt noch», sagte er zu seiner Frau. Die wollte aber nicht zugeben, daß sie das verbummelt hatte, und sagte: «Ach was! Da ist Salz genug drin!»

Es waren auch drei Töchter an Bord. Der Schiffer sagte zu der ältesten: «Versuch du mal.»

Die älteste Tochter schmeckte ab und sagte: «Da muß schon noch Salz rein.»

Aber die Mutter rief ärgerlich: «Und ich sage – es kommt kein Salz mehr hinein!»

Wenig später war die Frau kurz hinausgegangen, da flitzte der Schiffer in die Kombüse und warf eine Handvoll Salz in die Suppe.

Eine der Töchter kam aus dem Raum. Die hatte den Streit gehört, und sie kannte ihre Mutter und warf ohne zu kosten eine Handvoll Salz in den Topf. «Wenn keiner Salz hineintut», dachte sie, «dann will ich die Suppe nicht so fade essen.»

So hatten die beiden anderen Töchter es sich auch überlegt. Und als die Mutter schließlich einen Augenblick allein in der Kombüse war, tat sie doch noch rasch eine Handvoll Salz unter den Deckel. Niemand hatte es gesehen, und so brauchte sie nicht einzugestehen, daß sie Unrecht gehabt hatte.

Als die Suppe endlich auf den Tisch kam, war sie völlig versalzen und ungenießbar.

Das Hütchen bezahlt alles!

Es waren einmal drei Studenten, die liebten ein gutes Leben und leerten gerne ein Gläschen. Damals gab es noch keine Stipendien, und das Taschengeld von den Eltern reichte nicht immer aus.

Als wieder einmal Ebbe in der Kasse herrschte, fragten sie sich: «Wo kriegen wir Geld her?» Denn irgendein Klimbim stand immer bevor.

Da hatte einer einen Einfall: «Morgen ist Markt. Dann bringen die Bauern ihre Kühe in die Stadt. Wir suchen uns einen Einfältigen aus, und dem reden wir ein, daß er statt einer Kuh eine Ziege an der Leine hat.» Die anderen lachten ihn aus: «So verrückt wird doch kein Bauer sein!»

Aber er sagte: «Wenn wir das nur oft genug wiederholen, glaubt er es schließlich selbst. Wir kaufen das Tier für den Preis einer Ziege und verkaufen es als Kuh.»

Sie weihten noch einen vierten Studenten in ihren Plan ein, und dann verkleideten sie sich als Bauer oder als Viehhändler: blaue Jacke, rotes Tuch um den Hals, schwarze Mütze auf. So gingen sie auf getrennten Wegen in die Stadt.

Nicht lange, da nahte ein Bäuerlein, kein allzu helles, und zog eine Kuh am Seil hinter sich her. Der erste redete ihn an:

«Bauer, was verlangst du für die alte Ziege?»

«Blödsinn! Das ist doch eine Kuh!»

«Ach was, eine Kuh! Ihr müßt unterwegs schon tüchtig einen gehoben haben, wenn das eine Kuh sein soll!»

Na ja, der Bauer zog mit seinem Tier weiter und traf wenig später den zweiten verkleideten Studenten.

«Halt! Das ist genau, was ich gesucht habe. Meine Frau hat sich schon immer eine Geiß gewünscht. Diese ist zwar nicht besonders schön, aber was verlangt Ihr dafür?»

«Aber das ist doch eine Kuh!»

«Ha, ha! Das werdet Ihr schon besser wissen. Schaut nur, sie hat doch Hörner?»

«Geh zum Kuckuck!» sagte das Bäuerlein und trottete weiter.

Er wird seine tausend Schritte gegangen sein, da begegnet er wieder einem, der fragt:

«Bauer, wollt Ihr die Ziege verkaufen?»

Er denkt: «Bin ich jetzt wirr oder bin ich's nicht? Ich bin nicht mehr der Jüngste, man kann nicht wissen. – Oh nein, nein. Noch lange nicht», sagt er und stapft weiter.

Und da trifft er noch so einen Bauern oder Händler. Der redet ihn an: «Eigentlich wollte ich auf den Markt gehen. Aber jetzt finde ich Euch hier mit der kleinen Ziege, und meine Frau wünscht sich schon lange eine Ziege, weil eins der Kinder immer darum bettelt. Ich biete einen guten Preis! Da, zwanzig Gulden auf die Hand, was sagt Ihr dazu?»

«Zwanzig Gulden für eine Geiß», dachte der Bauer, «das ist ein sehr guter Preis! Es ist ganz sicher eine Geiß», dachte er. «Sie sagen es doch alle.» «Einverstanden», sagt er also.

Er steckt das Geld ein und macht sich auf den Heimweg und ist sehr zufrieden mit sich selbst. Zwanzig Gulden! Schon für fünfzehn bekommt man eine prima Ziege.

Die Studenten zogen in die Stadt, verkauften die Kuh um einen hohen Preis und verjubelten dann das Geld.

Der Bauer kam nach Hause.

«Du bist aber schnell wieder da!» sagte seine Frau.

«Ja, ja», sagte er. «Ich habe sie unterwegs verkauft. Weißt du, es war gar keine Kuh. Ich habe unterwegs vier Händler – oder Bauern, das weiß ich nicht – getroffen, und die sagten alle, es wäre eine Geiß. Ja, ich muß mich wohl geirrt haben.»

«Ach du Döskop!» rief die Frau. «Freilich war das eine Kuh. Wieviel Striche hingen an dem Euter?»

«Vier.» Der Mann war völlig verwirrt.

«Nimm es dir nicht zu Herzen», sagte sie. «Das war ein Studentenstreich. Die Studenten haben dich auf den Arm genommen. Aber denen werden wir's heimzahlen. Nächste Woche reden wir weiter. Leg dich aufs Bett und erhole dich.»

Eine Woche später schickte sie ihn wieder auf den Markt. Sie sagte: «Da liegt ein alter Hut, ein ganz altmodischer, der stammt noch von meinem Vater. Du mußt in die und die Wirtschaft gehen, dort treffen sich die Studenten immer. Dann redest du mit dem Wirt: Was du verzehrst, das wird heimlich bezahlt. Und dann setzt du dich in die Nähe der Studenten und haust tüchtig rein. Und du verabredest mit dem Wirt: Wenn du dein Hütchen drehst, dann soll er ganz laut sagen: «In Ordnung, alles ist bezahlt.»

Gesagt, getan.

Der Bauer setzte sich hin und ließ es sich gut gehen. Er bestellte ein prächtiges Essen und ein gutes Glas Wein. Dann sprach er zum Wirt: «Herr Wirt, kann ich bezahlen?»

«Mir recht.»

Also sagte er laut und deutlich: «Dreimal gedreht, mein Hütchen, und alles ist bezahlt.»

Und er drehte elegant sein Hütchen dreimal auf dem Kopfe herum.

«Alles ist bezahlt!» sagte der Wirt auch laut und deutlich.

Die Studenten hatten alles gesehen und fragten den Wirt: «Was wird hier gespielt?»

«Ach», sagte der Wirt so nebenbei, als wäre es eine Selbstverständlichkeit, «das Hütchen von dem Bauern bezahlt alles.»

Die Studenten folgten dem Bauern, als er hinausging. Sie erkannten ihn nicht wieder, er hatte sich ganz anders gekleidet.

«Bauer», sagten sie. «Bauer, euer Hütchen! Wollt ihr das wohl verkaufen?»

«Oh nein. Das verkaufe ich nicht. Das ist unbezahlbar, denn ich kann es in allen Wirtschaften anwenden. Ich brauche es nur dreimal umzudrehen und zu sagen: ‹Dreimal gedreht, mein Hütchen›, und alles ist bezahlt!»

Die Studenten versuchten, ihn zu überreden.

«Es wäre doch viel besser, wenn wir das Hütchen hätten. Was macht ein Bauer in der Wirtschaft? Für uns Studenten ist das was anderes. Wollt ihr es wirklich nicht verkaufen?»

«Ach, das könnt ihr doch nicht bezahlen.»

«Wieviel verlangt Ihr denn?»

«Ach, mit euch Studenten will ich nachsichtig sein.»

Und er nannte das Doppelte von dem, was er an der Kuh verloren hatte. Er verkaufte das Hütchen und kehrte sehr vergnügt zu seiner Frau nach Hause zurück.

Nachwort

Auf die Frage, wo Friesland liegt, müßte man eigentlich antworten: «Unter dem Meeresspiegel», denn große Teile dieser niederländischen Provinz wurden dem Meere abgerungen, indem man das immer wieder hereinströmende Wasser mit Deichen abwehrte oder Binnengewässer mit Deichen umschloß und dann trockenlegte.

Die auch jetzt noch für die Landschaft charakteristischen Mühlen sind zum größten Teil Wassermühlen gewesen, die windgetrieben das Wasser aus den Poldern in die höhergelegenen Gräben, von dort in die Flüsse und schließlich ins Meer leiteten. Elektrische Pumpwerke haben diese Funktion übernommen, aber der Kampf zwischen Erde, Wasser und Wind ist geblieben.

Und so kann es geschehen, daß man, auf saftigem Weideland stehend, in Augenhöhe ein Schiff an sich vorübergleiten sieht. Es fährt gleichsam zwischen Himmel und Erde. Aber auch die vielbesungenen Wälder, die mühsam gegen den ständigen Westwind ankrüppeln, und die sandigen Heideflächen, die durch das Abtragen der Torfmoore entstanden sind, prägen das Bild eines Landes, das keine Berge und keinen Felsboden kennt.

Die «freien» Friesen, die hier leben, sprechen eine eigene germanische Sprache, also weder «Platt» noch Mundart. Auch heute noch ist sie selbstverständliche Umgangssprache.

Daß sie darüberhinaus eine eigene Literatur besitzen, verdanken die Friesen ihren «Märchenbrüdern», den Brüdern Joast, Eeltsje und Tjalling Halbertsma, die zeitgleich mit und angeregt von den Brüdern Grimm ihre ganze Kraft dem Studium und Erhalt der friesischen Sprache und dem Sammeln von friesischem Volksgut widmeten. Neben ihrer wissenschaftlichen Arbeit sammelten sie einen Schatz an alten Liedern und Geschichten, die der Arzt Eeltsje mit vielen eigenen Dichtungen bereicherte. 1871 erschien die erste Ausgabe der «Rimen en teltsjes» (Lieder und Geschichten), 1958 waren es sieben Auflagen.

Im Jahre 1844 wurde die Gesellschaft für friesische Sprache und Literaturkenntnis gegründet, die dazu aufrief, Volkserzählungen aufzuzeichnen. Eine umfassende Sammlung dieser Sagen und Märchen erschien allerdings nie in friesischer Sprache.

Richtungsweisend war deshalb die Arbeit von Dr. Ype Poortinga, geboren 1910 in Rinsumageest, der als Leiter der Friesischen Akademie, Abteilung Literatur- und Volkskunde (Leeuwarden) in den siebziger Jahren durch ganz Friesland gezogen ist, Volkserzähler suchte, fand und zu Wort kommen ließ. Er sammelte an die 10.000 Geschichten, die ihm frei aus der Erinnerung erzählt wurden.

Aus diesem reichen Fundus veröffentlichte er von 1976 an in einer Reihe von Bänden eine Fülle von Märchen, Sagen, Legenden, Geschichten, Schwänken und Anekdoten.

Seine Haupt«lieferanten» waren Erzählerinnen und Erzähler, die noch die alte Tradition des Erzählens in der Erzählgemeinschaft pflegten. Sie stammten aus einfacheren Volksschichten. Nicht die alteingesessenen reichen Bauern waren Träger der alten Traditionen, sondern diejenigen, die in engem Kontakt mit dem fahrenden Volk, mit Hausierern, Lieferanten, Schiffern, Torfarbeitern lebten. Zwei Beispiele seien hier genannt.

Roel Piters de Jong wurde 1905 in Ouwsternijega als Sohn eines Metzgers geboren. Seine Vorfahren hatten das Moor abgegraben, das Land war teilweise wieder in Weideland umgewandelt worden. Roel Piters hat sein ganzes Leben in dieser Gegend verbracht. Mit «sieben Paar Ohren» hörte er zu, wenn die Erwachsenen abends zusammenkamen und erzählten. Moderne «Unterhaltung» gab es noch nicht. So wurde er selbst ein waschechter Erzähler. «Wenn ich eintausend und zwei Geschichten erzählt habe, höre ich auf», sagte er zu Dr. Poortinga, der ihn jeden Dienstag aufsuchte. Breit und episch konnte er erzählen, aber auch konkret und sachlich (vgl. die Märchen Nr. 8, 18, 21, 36).

Eine ganz andere Natur hat Steven de Bruin, der 1921 in Surhuisterveen geboren wurde. Auch dort, im Osten des Landes, war Moor und Heide, aber seine Eltern waren Schiffersleute, das Schiff war sein Zuhause. Die ersten Geschichten hörte er, während sie durch Friesland segelten. Steven war noch so klein, daß er mit einem Seil festgebunden wurde, damit er nicht über Bord fallen konnte.

Später horchte er, während er hinter dem Türchen in der Koje lag, auf die Gespräche in dem kleinen Vorunter. Immer andere Menschen besuchten seine Eltern, immer neue Geschichten wurden erzählt. Im zweiten Weltkrieg fand die Familie einen Unterschlupf bei der Großmutter. Steven wurde Fischer, um Geld zu verdienen. Abends kamen Schiffer, Fischer, Rohrdekker und viele andere zusammen, und im Dunkeln erzählte man sich die alten Geschichten. Steven hat aber auch «die Welt» kennengelernt, hat in Amsterdam und auf Korsika gearbeitet und wurde Sachverständiger für die Sportfischerei in den Niederlanden. Seinem Erzählen blieb er treu. «Er ist äußerst bemüht», so charakterisiert ihn Poortinga, «die kleinsten Details richtig zu erwähnen. Mehrmals hat er mich von Flugplätzen angerufen, wo er im Wartezimmer das Erzählte nochmals in seinem Gedächtnis durchlief. Dann sagt er zum Beispiel: Notiere, daß die Natter, von der ich erzählte, eine weiße Natter war ... Abgesehen von einigen Ungereimtheiten in seinem Friesisch spricht dieser Mann in nahezu druckreifen Sätzen, die doch natürlich wirken. Wenn er ein Märchen erzählt, ist die Sprache immer so gestrafft und sind die Details so vollkommen, daß sie dadurch literarisch wirken. Das ist seine natürliche, ihm eigene Erzählweise.» Er liebt phantasievolle, romantische Geschichten (vgl. Nr. 1, 4, 5, 6), aber auch die lebensvolle Realität, Schwänke und Späße (vgl. Nr. 32, 34, 38).

Jedem dieser beiden Erzähler hat Ype Poortinga einen ganzen Band seiner Märchenausgabe gewidmet.

Manchem Leser mag, bei aller Fabulierfreude, die nüchterne Sprache, die praktische Handhabung des Lebens in diesen Märchen auffallen. Die Geschichte wird linear erzählt, die Handlung bleibt überschaubar, der Schluß ist kurz und bündig.

Der Alltag, das arbeitsame Leben, die sozialen Verhältnisse werden in der märchenhaften Darstellung nicht ausgeklammert, sie bilden vielmehr die Grundlagen eines selbstgelebten Wunschtraumes. Gewiß hat der Kalvinismus der herrschenden Schichten die Strenge und die Durchschaubarkeit des Lebens (und der Häuser!) mehr oder weniger stark geprägt; die Erzählfreude der Friesen, Männer wie Frauen, hat er nicht zum Versiegen gebracht. Es fällt vielmehr auf, wie es van der Kooi in seiner Dissertation darlegt, daß die Vielfalt der Geschichten, die Vorliebe für Schwänke und lustige Anekdoten und somit die Anzahl der Typen und Varianten in den vergangenen vierzig Jahren eher zugenommen hat.

Die vorliegenden Märchen wurden aus den 1466 Märchen der ersten fünf Bände «Fryske Folksforhalen», herausgegeben von Ype Poortinga, gewählt. Ype Poortinga, der am 2. Dezember 1985 gestorben ist, hat mir selbst noch Vorschläge und Kriterien zur Auswahl gegeben. Seinem ermutigenden Zuspruch verdanke ich es, mich an die Übersetzung gewagt zu haben. Dankbar gedenke ich auch des Bauern Jolle Landman, der mit liebevoller Geduld mir als Mädchen die Schönheit und vor allem das Lesen der friesischen Sprache beigebracht hat.

Stuttgart, im Dezember 1989 *Arnica Esterl-Mees*

Anmerkungen und Quellenverzeichnis

Literatur

Rimen en Teltsjes fen de broerren Halbertsma. Neu herausgegeben von O. H. Sytstra. Ljouwert 1918
Fryske folksforhalen, gesammelt und herausgegeben von Ype Poortinga, De Tille, Ljouwert 1976 u. f. Band II: It fleanend skip, Folksforhalen fan Steven de Bruin. Band III: De held en de draek. Folksforhalen fan Roel Piters de Jong.
Märchen der Niederlande. Herausgegeben und übersetzt von A. M. A. Cox-Leick und H. L. Cox. Eugen Diederichs Verlag 1977.
Jurjen van der Kooi, Volksverhalen in Friesland. Lectuur en mondelinge overlevering. Een Typencatalogus. Diss. Groningen 1984.

Bei jedem Märchen wurde der Name des Erzählers angegeben wo Ype Poortinga den Text aufgenommen hat. Die Einordnung in das Typenverzeichnis von Aarne-Thompson und Sinninghe wurde von ihm selber vorgenommen. Die letzte Zahl deutet auf den Band und die Nummer des Märchens in der friesischen Ausgabe.

AT: A. Aarne-St. Thompson: The Types of the Folktale. Helsinki 1961 (FFC Nr. 184)

Sinn.: J.R.W. Sinninghe, Katalog der niederländischen Märchen-, Ursprungssagen-, Sagen- und Legendenvarianten.
Helsinki 1943. (FFC 132).

P: Ype Poortinga, Fryske folksforhalen. Leeuwarden 1976 f.:

I De ring fan it ljocht. 1976
II It fleanend skip. 1977
III De held en de draek. 1978
IV De foet fan de reinbôge. 1979
V It gouden skaakspul. 1980
VI De prins op frijersfuotten. 1981
VII Hûndert pûn klûntsjes en in karre fol lytsjild. 1982

Die Dissertation von Jurjen van der Kooi gibt einen umfassenden Überblick über das seit Anfang des 19. Jahrhunderts gesammelte friesische Erzählgut, bietet eine Erweiterung des gebräuchlichen Typenkatalogs und setzt neue Akzente für die moderne Erzählforschung.

1. *Das Wasser des Lebens.* Quelle: St. de Bruin. (siehe Nachwort) AT 551. Der Schluß der Erzählung fällt auf. Offenbar ist die kampfbereite Frau eine beliebte Märchengestalt. Vgl. 5, 9, 13, 19, 20. P II,3
2. *Die Insel der goldenen Äpfel.* Quelle: E. Zijlstra, Bäcker. AT 550. Kurzform von 1. Wie kommt der Friese über das Meer? P I,24.
3. *Der schwarze Hund und der weiße Walfisch.* Quelle: St. de Bruin. Sinn. 443*. P II,2.
4. *Der große Gjalt und der kleine Gjalt.* Quelle: St. de Bruin. AT 507A. Vgl. 9. Ungewöhnlicherweise ist der dankbare Helfer nicht der Tote selbst. P I,3.
5. *Über den Glasberg.* Quelle: St. de Bruin. P I,5.
6. *Der Riese ohne Herz.* Quelle: St. de Bruin. AT 302. P II,1
7. *Das Lied der Woche.* Quelle: St. de Bruin. AT 503. P I,16.
8. *Drei goldene und drei schwarze Federn.* Quelle: R. P. de Jong (siehe Nachwort). AT 461. P III,58.
9. *Die starke Prinzessin.* Quelle: St. de Bruin. Vgl. 1 und 4. AT 519. P I,11.

10. *Sieben goldene Federn.* Quelle: V. v. d. Brug, Waldarbeiter. P IV,14.
11. *Das Mädchen aus der Nuß.* Quelle: St. de Bruin. P I,6.
12. *Der arme Junge und die Tochter des reichen Bauern.* Quelle: W. v. d. Brug, Knecht. P IV,33.
13. *Das Mädchen als Soldat.* Quelle: St. de Bruin. AT 884B. P I,87.
14. *Hanke, Banke und Fisch Trippentree.* Quelle: D. Veltman, Lehrer. AT 555. P IV,25.
15. *Jan Mistfink.* Quelle: L. J. Drost, Schneider. AT 314A. P IV,18.
16. *Der dumme Hiske.* Quelle: D. Veltman. AT 328 und AT 930. P IV,10
17. *Du bist ein Trottel!* Quelle: St. de Bruin. P I,10.
18. *Die große Kröte.* Quelle: R. P. de Jong. AT 402. P III,68.
19. *Der Mann ohne Schatten.* Quelle: St. de Bruin. P I,9.
20. *Der Leichenfresser.* Quelle: R. P. de Jong. AT 363. P I,7.
21. *Jan im Sack.* Quelle: R. P. de Jong. AT 327C. P I,4.
22. *Das Mädchen, das mit achtzehn Jahren sterben sollte.* Quelle: A. Bijma, Kleinbauer und Maulwurffänger. Schon 1954 beim selben Erzähler aufgenommen von D.Jaarsma: It Heitelan 1954, S. 232f. AT 307. P IV,4. Vgl. I,32: Das Mädchen, das mit siebzehn Jahren sterben sollte. (St. de Bruin)
23. *Das fliegende Schiff von Workum.* Quelle: St. de Bruin. Sinn. 513. Allgemein bekannte Schiffergeschichte.
24. *Der gerechte Pate.* Quelle: Tj. Bouwhuis, Bauer. AT 332. P IV,34.
25. *Nicht fragen!* Quelle: W. v. d. Brug. AT 759. P IV,37.
26. *Prinz Blaubart.* Quelle: St. de Bruin. AT 312 und AT 955. P II,14.
27. *Die drei Warnungen vor dem Tode.* Quelle: P. Idzinga, Küster. P IV,23. Vgl. P III,54: Die vier Warnungen des Todes. AT 335, R. P. de Jong.
28. *Der beleidigte Totenkopf.* Quelle: J. Pultrum, Kaufmann, Gelegenheitsarbeiter. AT 470A. P I,30.
29. *Die drei Holzfäller.* Quelle: St. de Bruin. P V,36. Vgl. IV,27: Die drei Holzfäller, die sich etwas wünschen durften. Aber dort ohne positives Ende.

30. *Der dankbare Tote.* Allgemein, Schifferlatein. Cf. AT 505. P II,77.
31. *Die zwei Riesen, die sich gegenseitig verprügeln wollten.* Quelle: St. de Bruin. P V,93.
32 *Das Schiff von Sinter-Nüt.* Quelle: St. de Bruin. AT 1960H. P I,269. Mit *Indien* ist *Indonesien* gemeint, *West-Indien* ist *Suriname. Island* heißt *Eisland.*
33. *Das schwarze Huhn.* Quelle: G. G. Kobus, Hausfrau. P I,111.
34. *Der Vogel mit den drei Wunschfedern.* Quelle: St. de Bruin. Cf. AT 750A. P V,37.
35. *Mein Pferd steht schon im Stall.* Quelle: A. Bearda-Sijtema, Bäuerin. P IV,69.
36. *Der kleine Zaunpfahl von Oosterlittens.* Quelle: R. P. de Jong. (Handschrift).
37. *Der kleine Mann und der Riese.* Quelle: P. v. d. Brug, Bauer. AT 1060 und AT 1062. P IV,3.
38. *Wie die schwarzbunten Rinder nach Friesland gekommen sind.* Quelle: St. de Bruin. P II,252.
39. *Kein Salz in der Suppe.* Quelle: St. de Bruin. AT 1328A P V,94.
40. *Das Hütchen bezahlt alles!* Quelle: G. Wiersma, Handwerker. AT 1551 und AT 1539. P I,206.